Florian Holzer

Wiener Delikatessen

Gehen, Sehen & Genießen

9 Routen für Feinschmecker
Wo Sie das kaufen, was Sie zum Essen
und Trinken brauchen

Fotos: Gerhard Wasserbauer
Hanna Haböck

Falter Verlag

Autor: Florian Holzer
Fotos: Gerhard Wasserbauer, Hanna Haböck
Karten: arbeitsgemeinschaft kartographie
Lektorat: Ulrike Hirhager
Grafik und Layout: Marion Großschädl
Satz: Barbara Blaha, Falter Satz
Produktion: Susanne Schwameis
Gedruckt in Slowenien

ISBN 3-85439-325-3

1011 Wien, Marc-Aurel-Straße 9
Telefon +43/1/536 60-0, Fax +43/1/536 60-35
E-Mail/Verlag: bv@falter.at
E-Mail/Bestellungen: service@falter.at
Homepage/Bookshop: www.falter.at

INHALT

Manner

Am 18. Juni 2004 eröffnete die Josef Manner & Comp. AG ein exklusives Geschäft am Stephansplatz. An jener Stelle, wo vor 114 Jahren der Firmengründer Josef Manner seinen ersten Laden hatte, mit direktem Blick auf den Stephansdom.

Die erfolgreichsten Süßwaren der Marken Manner, Casali, Napoli, Victor Schmidt, Ildefonso und Heller werden hier ebenso angeboten wie – einzigartig in Wien – Schnittenplatten im Format 22 x 31 cm, täglich frisch geliefert, direkt vom Manner Waffelofen.

Besuchen Sie Österreichs größten Süßwarenhersteller und Erfinder der weltberühmten Manner Schnitten jetzt auch im Herzen Wiens, am Stephansplatz 7.

www.manner.com

Vorwort

Kochen ist nur das halbe Vergnügen. Okay, eigentlich nur ein Drittel, wenn man das Essen als ebenfalls wichtigen Teil der Performance nicht ganz unter den Tisch fallen lassen will. Aber mindestens genauso wichtig ist das Einkaufen. Vielleicht sogar das Wichtigste überhaupt. Leider haben wir es ein bisschen verlernt, sind es gewohnt, mit einem Einkaufswagerl bewaffnet nicht nur die Zutaten für das große Essen am Abend, sondern auch noch die Wegwerfrasierer, die Fernsehzeitung und das Waschmittel unter einem Dach abholen zu können. Das hat zweifellos seine Vorteile, weil die Zeit ja so knapp geworden ist. Mit Lust und mit Genuss hat das aber halt gar nichts zu tun.

Schokoladekultur bei Xocolat

Der vorliegende Wanderführer soll wieder ein bisschen Lust aufs genussvolle Einkaufen machen. Aufs Schauen, aufs Greifen, aufs Überlegen, was man da draus wohl zubereiten könnte, aufs Kreativsein. Klar braucht das seine Zeit, und klar kann man anderswo vielleicht

Ein großes Angebot an Meeresfrüchten

billiger kaufen als in den gut 150 Geschäften und Läden, die hier vorgestellt werden. Klar, aber es gibt ja auch schon diese hervorragenden Tiefkühlgerichte und diesen praktischen Mikrowellenherd!

Obst, Gemüse, Käse, Fleisch und Schinken, schöne Blumen für den Tisch, Geschirr, Töpfe und Kochutensilien, edelste Schokoladen und frisch geröstete Kaffees, Marmeladen aus alten Obstsorten und Sauerkraut, das noch aus dem Fass kommt – wer gut und genüsslich kauft, wer schon beim Einkaufen mit Menschen spricht, der kocht auch besser oder hat zumindest mehr Spaß dabei, das sei hier einmal behauptet, und dieser Idee soll dieses hier vorliegende kleine Büchlein auch dienen. Dass man noch genau dieselben Dinge in den Regalen vorfindet, die angeführt werden, kann leider niemand garantieren, aber darum geht's auch gar nicht – es geht ums Schauen, ums Begreifen, ums Eintauchen in die bunte Warenwelt und ihre Protagonisten.

Sehenswerte Weinauswahl

Wien hat sich da stark verbessert in den letzten Jahren, das Angebot wurde nicht nur größer, es entwickelte sich nachgerade dynamisch. Die Märkte werden besser, das Gemüse und die Früchte interessanter und frischer, die Vielfalt wuchs und wächst, Wien befindet sich nicht mehr in Randlage, sondern in der Mitte des Geschehens, wie angenehm, dass sich das offenbar auch auf dem Gebiet der Lebensmittel bemerkbar macht. Und es hat natürlich auch mit der größer werdenden Gemeinde derer zu tun, denen es nicht unbedingt egal ist, ob der Apfel nur schön rund ist, oder ob er vielleicht auch ein Exemplar einer alten Sorte ist; die sich darüber freuen, wenn es frischen Fisch aus dem französischen Atlantik gibt, und sich den einmal im Monat halt auch leisten; und denen es wichtig ist, dass ihr Brot nicht mittels Backtriebmittel so schön saftig geworden ist, sondern dank natürlicher Sauerteigführung. All das gibt es nämlich noch und wieder und teilweise auch erstmalig, die qualitativen Einschränkungen sind quasi ein Problem von gestern. Und dass man Waldviertler Met oder japanische Essstäbchen für Kinder oder französische Maronicreme in Tuben findet, ist längst keine Frage von Geld oder Zeit für Weltreisen mehr, das gibt es alles hier in Wien, man muss nur wissen, wo.

Natürlich konnten nicht alle guten und gut sortierten Geschäfte in diesem kleinen Genuss-Wanderführer Platz finden, auch wenn sie es vielleicht verdient hätten. Es ist dann jedoch nicht böse Absicht, sondern liegt schlicht daran, dass sie vielleicht etwas abseits vom Weg lagen, der ja bekanntlich das Ziel ist.

In diesem Sinne wünsche ich starke Arme, feste Einkaufstaschen und ein glückliches Händchen. Und viel Spaß beim genüsslichen Einkaufen.

Florian Holzer

LEGENDE

= Kaffeehäuser
= Kultur
= Restaurants, Gasthäuser
= Shopping

Sacher – Demel

Ausgangspunkt: Oper (U1, U2, U4 Karlsplatz)
Endpunkt: Kohlmarkt/Graben (U1, U3 Stephansplatz)
Die Route: Philharmonikerstraße (Sacher) – Kärntner Straße (Lobmeyr) – Marco-d'Aviano-Gasse – Neuer Markt (Caviar House), culinarium oesterreich haus, Le Bol, Kurkonditorei Oberlaa) – Plankengasse (Auer Brot, Elfriede Schiller) – Stallburggasse (Weinkontor) – Habsburgergasse (Glasfabrik, Rasper's Casa del Cafe, Rasper's Loft) – Kohlmarkt (Heissenberger, Demel, Meinl am Graben)

Das ist nicht die Runde mit den Geheimtipps, sicher nicht. Hier ist City, hier ist Sacher, hier ist Demel, hier ist der niemals wirklich endende Tortenstreit zwischen Sacher und Demel, hier ist Kaviar, hier ist Meinl – es handelt sich mehr oder weniger um die Champagnermeile Wiens. Dennoch, neben unverhohlenem Prunk und einem Preisniveau, das in Österreich als einzigartig bezeichnet werden darf (Ausnahme: Getreidegasse), finden sich gerade im beschaulich-pittoresken Antiquitätenviertel der

Wiener Altstadt – genau zwischen den beiden Eckpunkten dieser Tour gelegen – ein paar bemerkenswerte, versteckte und wunderbare Geschäfte, die diesem Korso der Eitelkeit und der Unbescheidenheit sozusagen ein menschliches Antlitz verleihen. Plätze zum Verweilen am Wegesrand sind zahlreich, allerdings muss man sie mit Touristen teilen, außerdem sind die Distanzen ohnehin kurz.

Also das Sacher (1., Philharmonikerstr. 4, Tel. 01/514 56-0, www.sacher.com). Über das Sacher wurde schon so ziemlich alles gesagt, insofern lassen wir das Phänomen dieses sechs Häuser umfassenden, permanent im Umbau befindlichen Hotels einfach einmal als Ikone stehen und betrachten mit etwas größerer Hingabe ihr berühmtestes Nebenprodukt, die Sachertorte: 350.000 Stück verlassen die Produktion jedes Jahr, die Originalrezeptur der 1832 vom damals 16-jährigen Franz Sacher am Hof von Fürst Metternich erfundenen Schokoladetorte mit Marillenmarmelade (im Inneren!) ist jedenfalls bis heute ein Geheimnis, langjährige Auseinandersetzungen vor Gericht bestätigten den souveränen Status der Sachertorte aus dem Hause Sacher. Dass diese Massen an Torten nicht mehr im Hause hergestellt werden, ist klar. Verkauft werden auch nicht alle hier, wenngleich einem das am Höhepunkt des Touristenansturms im Frühsommer und vor Weihnachten durchaus so vorkommen kann und wenngleich dieses Geschäft zweifellos das umsatzstärkste von allen ist. An die 2000 Stück (fünf Größen werden angeboten, von „Liliput" mit acht Zentimeter Durchmesser bis „Größe III" mit 22 Zentimeter Durchmesser) gehen dann pro Tag über den Verkaufstisch mit seinen sechs Kassen im 2003 neu gestalteten Sacher Shop (1., Kärntner Straße 38, Tel. 01/514 56-734, www.sacher.com, tägl. 9–23 Uhr); wer sich ge-

Originale Torten bei Sacher

Feines Glas: Lobmeyr

rade im Sacher-Rausch befindet, kann Pralinés, original Sacherkaffee, Gewürzgugelhupf, Sachereck, Sacherschnitte, die Sacherzigarre, einen Sachersekt auf Welschrieslingbasis, Geschirr, Aschenbecher und noch viele weitere Merchandisingartikel erwerben. Gleich neben dem Sacher-Shoppingcenter wurde übrigens die kleine Weinbar ► Sacher Eck' mit einem erfreulich großen Angebot offener Weine eingerichtet, wo man auch verkosten kann, was dem neuen Küchenchef des Hauses, Hans-Peter Fink aus Riegersburg in der Steiermark, so zum Thema Snack einfällt (1., Philharmonikerstraße 4/Kärntner Straße, Tel. 01/514 56-699, tägl. 9–1 Uhr).

Im weiteren Verlauf der Kärntner Straße hat man als Delikatesseneinkäufer sonst nicht viel zu suchen und noch weniger zu finden, der traditionelle Tischkulturspezialist Lobmeyr (1., Kärntner Straße 26, Tel. 01/512 05 08, www.lobmeyr.com, Mo–Fr 10–19, Sa 10–18 Uhr) macht da die Ausnahme: Neben prachtvollen Servicen und Keramiken der eher weniger alltäglichen Art verdienen in dem wirklich sehenswerten Geschäft vor allem die 1917 von Josef Hoffmann entworfene Gläserserie „Patrician", die „Ambassador"-Serie von Oswald Haerdtl, das 1929 von Adolf Loos entworfene, hervorragende Barset und die 1992 gestaltete Weinglasserie „Ballerina" Aufmerksamkeit. Die Gläser bestehen übrigens seit jeher aus Kalikristall, sind also „bleifrei".

Bei der dritten Möglichkeit, den Trampelpfad der Kärntner Straße zu verlassen, tun wir das auch, passieren in der nur wenige Meter langen Marco-d'Aviano-Gasse einen gut ausgestatteten und nicht gerade billigen Blumenstand sowie den Klassiker unter allen Wiener Tagesbars, die vom Architektenduo Coop Himmelb(l)au 1977 gestaltete ► Reiss-Bar (1., Marco-d'Aviano-

Kaviar, Lachs, Gänseleber, belgische Fischsuppe: Caviar House

Gasse 1, Tel. 01/512 71 98, So–Do 11–2, Fr, Sa 10–3 Uhr). Ein Glas Sekt oder Champagner ist in dieser auf Schaumweine aller Art spezialisierten Keimzelle der österreichischen Lokalkultur nie verkehrt, das hiesige Publikum zu beobachten auch nicht.
Thematisch ähnlich hält man es in der 2001 an der Stelle eines der schönsten Sachbuchgeschäfte der Stadt entstandenen Filiale der internationalen Luxuskette Caviar House (1., Neuer Markt 6, Tel. 01/512 37 45, www.caviar-house.com, Mo–Sa 10–20 Uhr). Dem Namen entsprechend wird hier unter anderem auch Kaviar verkauft, und zwar russischer (Ossietre, Sevruga, Beluga, Letzterer zu 175 Euro für fünfzig Gramm) sowie solcher aus dem Iran (da kosten die fünfzig Gramm Beluga gar 256 Euro), weiters offeriert wird der weltberühmte, in der Schweiz geräucherte Baliklachs, der auch nicht gerade billig ist, wo eine Seite aber immerhin „schon" für 79 Euro zu bekommen ist. Außerdem stehen „Balik-Snack", „Balik-Pearls" und Baliklachs in unterschiedlichen Formaten, daneben Gänseleber in all ihren Erscheinungsformen sowie belgische Fischsuppe im Glas und seit neuestem auch koscherer Wein von Hafner aus dem Burgenland auf dem Programm.
Ein paar Schritte über den Neuen Markt, wo man den legendären Feinkosthandel Wild ja leider nicht mehr findet, an seiner Stelle aber das interessante Konzept culinarium oesterreich haus (1., Neuer Markt 10–11, Tel. 01/513 82 81-23, www.haus.culinarium.at, Mo–Fr 8–19, Sa 8–17 Uhr): Grundidee dabei ist, bäuerlichen Kleinproduzenten marketingmäßig unter die Arme zu greifen und ihre Produkte in einen Katalog aufzunehmen. Aus dem Katalog wurde 2002 ein ganzes Geschäft, bis oben hin mit Spezialitäten gefüllt, die man sonst eher kaum bekommt, im Keller eine riesige Vinothek, im ersten Stock

Ich habe folgendes Buch aus dem **Falter Verlag** gelesen:

____

Es hat mir ❒ ausgezeichnet ❒ gut ❒ mittelmäßig ❒ nicht gefallen

Bemerkungen/Anregungen:

Name

Straße

PLZ/Ort

Telefon

E-Mail

- ❒ Bitte informieren Sie mich regelmäßig über das Verlagsprogramm des **Falter Verlags.**
- ❒ Senden Sie mir bitte den **Falter,** die Stadtzeitung Wien mit Programm, 4 Wochen lang gratis und unverbindlich zu.

Bitte mit € 0,55
freimachen
falls Briefmarke
zur Hand

Falter Verlag

Die besten Seiten Österreichs

Postfach 474
Marc-Aurel-Straße 9
A-1011 Wien

ein Restaurant im postmodernen Zirbenholzdesign. Nun, leider ging das alles nicht so gut, und zwei Jahre danach präsentiert sich das Angebot extrem gestrafft, die Vinothek ist zu, das Restaurant stellte auf Schnitzel & Co um.

Einige Meter weiter eröffnete der frühere *Format*-Redakteur Omar Shoukry seine Interpretation des Erfolgskonzeptes der französisch-belgischen Bäckereikette Le Pain Quotidien. Wie dort ist auch sein Le Bol (1., Neuer Markt 14, Tel. 0699/ 10 30 18 99, Mo–Sa 8–22, So 10–22 Uhr) mit hübschem, südfranzösisch anmutendem Mobiliar und vor allem einer großen, zentralen *table d'hôtes* ausgestattet. Neben erstklassigen Torten *(tarte aux pommes!)* und Pralinés bekommt man hier auch ein paar wirklich hervorragende belegte Brote nach französischer Art und zu Preisen wie auf der Fifth Avenue, außerdem kann man hier *confits, confitures artisanales* (Kastanien mit Nüssen!), französische Schokolade, Honig, Anisbonbons und schließlich das hervorragende Olivenöl von Nicolas Alziani bekommen.

Französische Öle: Le Bol

Gleich daneben ein nicht unähnliches Programm, aber eben doch ganz anders: Im Stadthaus der Kurkonditorei Oberlaa (1., Neuer Markt 16, Tel. 01/513 29 36, www.oberlaa-wien.at, tägl. 8–20 Uhr) werden erstens Kuchen gebacken, die nach Eigendefinition „die besten der Stadt" sind (für Panettone und Sandkuchen lassen wir das auch gelten), außerdem 25 verschiedene Torten in allen Farben und Ge-

Kurkonditorei Oberlaa

schmacksrichtungen und schließlich 28 verschiedene Pralinésorten, die wirklich sehr gut sind und den Kult, der um sie gemacht wird, auch redlich verdienen. Rahmtrüffel, Jamaica, Haselnussschüsserl und Ingwer-Marzipan – die Versuchung hat einen Namen ...

Zurück zur Plankengasse, wo gleich am Anfang der Grazer Edelbäcker Martin Auer vor 14 Jahren eine Wiener Dependance errichtete: Auer Brot (1., Plankengasse 1, Tel. 01/512 58 52, Mo–Fr 8–18.30, Sa 8–13 Uhr). Diese kleine Backboutique zählt zweifellos zum Feinsten und Edelsten, was bäckereitechnisch in Wien geboten wird, die Präsentation der Brote und Süßigkeiten ist beispielhaft, der Duft absolut verführerisch. Wobei der nur von den Semmeln und Baguettes kommt, der Rest des Programms – darunter auch das als Markenzeichen dienende „Barbara Rütting Brot" aus Roggenvollkorn-Natursauerteig mit Fenchel, Meersalz und Koriandersamen oder das bemerkenswerte „Evi"-Brot aus fein gemahlenem, gekeimtem Getreide samt Kleie – wird täglich aus Graz geliefert. Hervorragend sind bei Auer auch die Osterpinzen, wenngleich man schwer teurere finden wird, das Milchbrot und vor allem die Bierstangerln, die leider als absolut suchtgefährdend eingestuft werden müssen.

Auer Brot

Im Geschäft von Elfriede Schiller (1., Plankengasse 7, Tel. 01/512 53 00, Mo–Fr 10–18 Uhr), einem der schrulligsten und skurrilsten Messerläden in Wien und in seiner Schrulligkeit irgendwie wunderbar hier ins Antiquitätenviertel passend, kann man sich dann mit Klingen aller Art eindecken sowie mit Haushaltsgeräten und Küchenutensilien, wie man sie heute nur mehr selten findet, da sie höchstwahrscheinlich auch gar nicht mehr hergestellt werden.

Weiter in die Stallburggasse, wo das beste Kaffeehaus der Welt, das ► Bräunerhof (1., Stallburggasse 2, Tel. 01/512 38 93, Mo–Fr 8–21, Sa 8–19, So 10–19 Uhr), zu einem kleinen Braunen, einem Paar Frankfurter oder einer Schinkenrolle unter vergilbten Wänden und auf abgewetzten Polsterbänken einlädt.

Küchenutensilien jeder Art: Elfriede Schiller

Nicht nur Thomas Bernhard verkehrte hier gerne, auch als schnöder Shopper findet man sehr gut die Ruhe und die Kraft, die man zum Weitermachen braucht.

Zur nächsten Adresse ist es allerdings nicht weit. Gleich über dem wunderbaren Kaffeehaus unterhält Stefan Pagacs sein Weinkontor (1., Stallburggasse 2, Tel. 01/967 01 98, www.pagacs.biz, Di–Sa 10–17 Uhr), in dem man nicht nur in absolut privater Atmosphäre persönliche Weinberatung durch einen persönlichen Weinberater erhält, sondern außerdem auch gleich seinen Keller ordnen, schätzen und revisionieren lassen kann. Von solchen Spezialangeboten abgesehen, hält Stefan Pagacs aber tatsächlich eine große Zahl wunderbarer Weine parat, die sich generell als „klassisch" bezeichnen lassen und die ihr Geld außerdem wert sind – beides heute eher selten anzutreffen.

Weinkontor

Am Weg zur nächsten Station passieren wir den City-Ableger des sympathischen Großraumtrödlers Glasfabrik (1., Habsburgergasse 9, Tel. 01/533 60 26, www.glasfabrik.at, Mo–Fr 10–18.30, Sa 10–17 Uhr). Der Lokalität angepasst, bekommt man hier in erster Linie kleinformatigen „Edeltrödel" – Gläser, Vasen, Lampen, Bestecke, Firlefanz aus vier Jahrhunderten. Schräg gegenüber befindet sich mit Rasper's Casa del Cafe (1., Habsburgergasse 10, Tel. 01/534 33-23, www.rasper.at, Mo–Fr 10–18.30, Sa 10–17 Uhr) der jüngste Ableger des Rasper-Impe-

Rasper's Loft

riums: Hier hat der traditionelle Geschirr- und Besteck- und Hochzeitslistenspezialist eine Osteria übernommen, sie zu einer kleinen Café-Bar gemacht und außerdem eine eigene Abteilung für Alessi-Design eingerichtet. Eine Hintertür verbindet das Lokal mit dem benachbarten Rasper's Loft (1., Habsburgergasse 10, Tel. 01/534 33-39, www.rasper.at, Mo–Fr 10–18, Sa 10–17 Uhr), wo man neben farbenfrohem Geschirr etwa des deutschen Herstellers Arzberg auch Gmundner Keramik und sonst noch so ziemlich alles für die Tischgestaltung bekommen kann. Zum Beispiel auch Kerzen in allen nur erdenklichen Größen und Formen sowie getrocknete Blütenblätter und Beeren in allen Duftrichtungen (die sich am Klo freilich besser machen als am Esstisch).

Durch den verträumten Hof neben der ► Michaelerkirche (Eingang Habsburgergasse 14) auf den Michaelerplatz, vorbei am ► Looshaus auf Nr. 3, in dem man zwar leider nichts kaufen kann, das aber immer mit äußerst interessanten Ausstellungen zum Thema Design und Architektur aufwartet (www.adolfloos.at), auf Wiens prestigeträchtigste Shoppingmeile, den Kohlmarkt. Gleich rechts findet man den in coolem Grau, Schwarz und Weiß gehaltenen Tee- und Kaffeeshop von Karl Heissenberger (1., Kohlmarkt 11, Tel. 01/532 14 20, www.heissenberger.com, Mo–Fr 10–18.30, Sa 10–17 Uhr), dem Umtriebigsten im Lande, wenn es darum geht, erstklassige, seltene oder sonst wie besondere Qualitäten aufzuspüren. Achtzig

Sehr viel Tee: Heissenberger

Tees aus allen Regionen, an die fünfzig Kräuter- und Rindentees, 18 Plantagenkaffees, acht Mischungen, aromatisierte Tees und Kaffees – man findet hier mit ziemlicher Sicherheit ein passendes Heißgetränk. Vor Weihnachten kann man bei Heissenberger außerdem noch eine große Auswahl an Tee- und Kaffee-Utensilien erwerben, im Sommer wird ein kleiner Schanigarten in bester Lage unterhalten.

Und dann der Demel (1., Kohlmarkt 14, Tel. 01/535 17 17, www.demel.at, tägl. 10–19 Uhr). Bei dem hat sich in letzter Zeit ganz schön viel verändert, nicht freilich die fast schon bühnenreife Freundlichkeit der „Demelinerinnen" und auch nicht die Qualität der 365 verschiedenen Mehlspeisen, die hier beim ehemaligen k. u. k. Hofzuckerbäcker in regelmäßigem Turnus zubereitet werden. Eher ist die Tatsache zu erwähnen, dass der Catering-konzern Do & Co nun die berühmteste Konditorei des Landes führt, dass der immer mäßig sinnvoll genutzte Wintergarten in eine äußerst großzügig dimensionierte Schaubackstube („Kein Blitzlicht!") umgewandelt wurde und dass man im schönsten, buntesten und pittoreskesten Raum nun nicht mehr Torten serviert, sondern Verkaufspulte für Konfekt und Demel-Schokolade errichtet hat. Klar, Tourismus *makes the world go round.* Dennoch, zum Demel muss man einfach, auch wenn man Torten nicht ausstehen kann und einem Touristen auf die Nerven gehen. Und sei es, um die hiesige Sachertorte zu probieren.

Beste Backware beim Demel

Die folgende und letzte Station der Tour würde eigentlich ein eigenes Kapitel verlangen, schließlich handelt es sich dabei um

Meinl Erdgeschoß, im Vordergrund die Staud-Marillenmarmeladen

den Meinl am Graben, und der deckt ja so ziemlich alles ab, was einem essensmäßig einfallen kann (1., Graben 19, Tel. 01/ 532 33 34-0, www.meinlamgraben.at, Mo–Mi 8.30–19.30, Do–Fr 8–20, Sa 9–18 Uhr). Kurz zur Geschichte: 1862 gegründet, erlangte das Kolonialwarengeschäft dadurch Bedeutung, dass es als Erster fertig gerösteten Kaffee verkaufte. Zur ersten Delikatessenadresse entwickelte sich der Meinl am Graben – das Flaggschiff einer großen Flotte von Meinl-Supermärkten in Österreich und Osteuropa – dann in den Wirtschaftswunderjahren. 1999 wurde der Feinkostsupermarkt um „eine Nuance mehr als elf Millionen Euro" umgebaut, von einem auf drei Stockwerke erweitert, in denen derzeit mehr als 12.000 Artikel von 160 Mitarbeitern angeboten und administriert werden. Jüngste Innovation sind eine Café-Bar sowie ein Takeaway-Bereich für Fertig- und Halbfertiggerichte im Eingangsbereich, dahinter kommen Getränke (achtzig Sorten Bier!), Schokolade (Zotter, Tiroler Edle, Café Tasse, Slitti, Cluizel, Valrhona – sogar in eigenem Kühldisplay), Knabberzeug (die Auswahl ist schier unendlich, herrliche Lantchips aus Schweden, die besten Chips der Welt von Kettle, Sachweizer Chäslis, Macadamianüsse mit Chili,

Tee beim Meinl

Jacob's Creamcrackers aus England etc.) und die Milchabteilung, die aber eher dadurch glänzt, dass sie das Komplettangebot des Normalen bietet (Ausnahme: italienische Fruchtjoghurts, französische Schaf- und Ziegenmilchjoghurts und die beste Butter der Welt im Spanschächtelchen aus der Normandie). Im Erdgeschoß außerdem interessant das Regal mit dem gesamten Œuvre des Marmeladespezialisten Staud, außerdem englische und französische Marmeladen, und die Abteilung für „Alltagsweine", in der man so ziemlich alles aus Österreich findet, was man kennt, außerdem eine gute Auswahl an Spirituosen und einen guten Querschnitt durch die internationale Weinwelt. Der Schwachpunkt beim Meinl ist leider die Obst- und Gemüseabteilung, hier wird man internationalem Niveau weder bei der Präsentation noch bei der Auswahl noch bei Information und schon gar nicht bei der Reife der gebotenen Ware gerecht, beim Preis allerdings schon.

Feiner Wein im Meinl-Keller

Zu Erfreulicherem, etwa der Käseabteilung im ersten Stock, die in Mitteleuropa (Zürich ausgenommen) ihresgleichen sucht. 550 bis 580 Sorten sind vorrätig, Pflege und Reife sind beispielhaft, allein vom Bergkäse gibt es 15 Sorten aus Österreich, Italien und Frankreich, das Pecorinosortiment erscheint unendlich. Ähnlich wunderbar das Angebot an Schinken und Würsten, auf leicht über hundert schätzt man die Zahl, über die Tatsache, dass die typische Meinl-Kundin zwar lange gustiert, dann aber doch wieder nur fünf Deka Kalbspariser nimmt, schmunzelt man. Es gibt sechs verschiedene Blutwürste, der Kalbsleberkäse ist bezaubernd. Billig ist der Aufschnittrausch beim Meinl freilich nicht, Culatello zu 11,90 Euro und Jamón Serrano di Pata Negra zu 12,90 Euro pro hundert Gramm waren zum Zeitpunkt der Recherche Spitzenreiter. Die Fleischabteilung ist legendär und gut, die Themen Pasta und Sugo werden erschöpfend behandelt, beim Öl regiert Italien un-

Meinl, beim Käse unerreicht – im Bild das „normale" Regal

angefochten, 52 verschiedene Öle stehen im Regal, vom Olio Sasso im Kanister bis zu den sortenreinen Ölen aus entkernten Oliven nach der Veronelli-Methode reicht der Bogen; schöne Essige, darunter das gesamte Gölles-Programm, gleich daneben.

Beim Brot nützt man die Chance zu optimaler Präsentation und Sortimentspflege leider nicht, für den Teeverkauf wird eine Frau asiatischer Herkunft als Geisha kostümiert, na ja, die Fischauswahl ist nicht so atemberaubend wie die Preise, in der Innenstadt gibt's allerdings keine bessere Quelle. Außerdem bekommt man an der hier ebenfalls befindlichen Sushibar ordentliche Weine zu trinken. Noch ordentlichere Weine gibt's dann übrigens in der hübschen ► Weinbar (1., Naglergasse 1, Tel. 01/532 33 34-46, Mo–Sa 11–24 Uhr) im Keller, wo auch all die wirklich schönen und teuren Flaschen wohnen, und ganz besonders ordentliche Weine mit außerdem einem sehr ordentlichen Essen gibt's im ► Restaurant, das übrigens zu den besten der Stadt zählt und aufgrund seiner Lage mitten im Gourmetsupermarkt eine stets anregende Atmosphäre versprüht (1., Graben 19, Tel. 01/532 33 34-6000, Mo–Mi 8–24, Do, Fr 8.30–24, Sa 9–24 Uhr, abends Eingang Naglergasse 1).

Es dauert seine Zeit, bis man sich beim Meinl auskennt, die Anordnung der Produkte ist weder logisch noch übersichtlich, viele der absolut hervorragenden Produkte gehen unter, weil sie thematisch falsch platziert sind oder hinter speziell Angepriesenem verschwinden. Der Meinl am Graben ist ein etwas chaotisches, sehr komplexes Lebewesen, dessen Regungen und Eigenheiten man nach zwei bis drei Jahren intensiver Studien aber ganz gut überschauen kann.

ROUTE 2

Freyung – Lugeck

Ausgangspunkt: Freyung (U3 Herrengasse, U2 Schottentor)
Endpunkt: Lugeck (U1, U3 Stephansplatz, U1, U4 Schwedenplatz)
Die Route: Freyung (Klosterladen im Schottenstift, Xocolat) – Am Hof (Ostermann, Vinothek St. Urban) – Bognergasse (City Confiserie, Zum Schwarzen Kameel) – Seitzergasse – Kurrentgasse (Bäckerei Grimm) – Kleeblattgasse – Tuchlauben (Eissalon Perizzolo, Wine Company) – Hoher Markt (Waniek) – Marc-Aurel-Straße (Ciao Toscana) – Lichtensteg (Weltladen) – Lugeck (Zanoni)

Kaum ein paar Schritte vom Graben und dem Kohlmarkt und somit dem touristischen Haupttrampelpfad entfernt, bietet die Innenstadt offenbar immer noch einen fruchtbaren Boden für Geschäfte, die trotz Citylage ein tolles Preis-Leistungs-Verhältnis bieten oder es sich leisten können und wollen, interessante Produkte und spannende Spezialisierungen abseits des gehandelten Mainstreams zu vertreten. Auch bei dieser Runde sind die zurückzulegenden Distanzen kurz, außerdem grenzt diese Tour natürlich unmittelbar an die stark frequentierten Pfaden folgen-

den Touren 1 und 3. Sie zu verknüpfen und zu verweben, ist durchaus im Sinne dieses Wanderführers, die Route Freyung – Lugeck ist jedoch die erholsamste und in mehrerer Hinsicht kontemplativste in der ganzen Innenstadt.

Wir beginnen auf der Freyung, einem der erfreulicherweise weder durch Tiefgaragen noch durch grassierende Ausbreitung von Schanigärten stark in Mitleidenschaft gezogenen Plätze der Innenstadt, und die schmale Fahrspur, die über diesen Platz führt, wird außerdem durch das rumpelige Kopfsteinpflaster sowie durch hier besonders langsam zuckelnde Fiaker quasi neutralisiert. Ein Fußgängerparadies sozusagen. Hier befindet sich die erste Station der Route, nämlich der Klosterladen im Schottenstift (1., Freyung 6, Tel. 01/534 98-600, Mo–Fr 10–18, Sa 10–17 Uhr, So unmittelbar nach der Messe): Im Jahr 2000 wurde dieses Geschäft auf Betreiben von Frater Stephan – im früheren Leben Industriemanager – gegründet, ursprünglich nur mit der Zielsetzung, Erzeugnisse des Schottenklosters zu verkaufen. Mit der Zeit kamen noch ein paar andere Klöster dazu, „aber nie zu viele, weil da verliert man sonst den Überblick", meint Frater Stephan. Auch „weltliche" Produzenten sind im Klosterladen vertreten, die suche man sich nach Qualität und Exklusivität aus. Also gibt es hier neben Obst und Wein (aus Herrnbaumgarten) der Schotten auch Hirschwürste und -schinken, die außergewöhnliche Schafmilch-Schokolade Chocolina aus Tamsweg, den Likör der Mechitaristen, Anis-Fen-

Heilige Marmeladen und Honige: Klosterladen im Schottenstift chel-Sirup der Bethlehem-Schwestern, Honig von den Kleinen Schwestern Jesu und auch vom Berg Athos, Engelszeller Liköre in ihrem unvergleichlichen Flaschendesign und hochinteressante Marmeladen von italienischen Trappistinnen, vier- bis fünfhundert Produkte insgesamt, „zu reellen Preisen", wie Frater Stephan erklärt, „weil zu verschenken habe ich auch nichts".

Klosterladen im Schottenstift

Quer über die Freyung und ins Palais Ferstel, 1856 bis 1860 von Heinrich von Ferstel als Location für die Börse und die österreichisch-ungarische Nationalbank gebaut. Hier wird zwar heute allerlei Ramsch verkauft, aber seit Oktober 2001 wird im Xocolat (1., Palais Ferstel, Freyung 2, Tel. 01/535 43 63, www.xocolat.at, Mo–Fr 10–18, Sa 10–17, So 12–17 Uhr) eine Schokoladekultur gepflegt, wie man sie selbst in Paris nicht oft anzutreffen vermag: Im vorderen Bereich des kleinen (und äußerst gut gekühlten) Ladens trifft man zuerst auf unzählige Sorten von Pralinen der besten heimischen Erzeuger, die zweimal pro Woche frisch anliefern, sowie auf die unglaublichen Kreativkonfekte des Schoko-Avantgardisten Enric Rovira aus Barcelona, der etwa roten Pfeffer, Pata-Negra-Grammeln, Ingwer oder Luft mit Schokolade überzieht, um sie dann wunderschön verpackt zu Themenkonfekt zusammenzustellen. Im hinteren Teil des Geschäftes trifft man sodann auf eine erschöpfende Auswahl der besten Schokoladen der Welt,

Schokolade ultimativ – Xocolat

Xocolat: Trüffel ohne Ende

Michel Cluizel, Weiss, Valrhona oder die sagenhaften Lagenschokoladen von Bonnat aus Frankreich, Amedei, Domori und Slitti – Milchschokolade, die sogar Hardcore-Schokoholics überzeugt – aus Italien, die bemerkenswerte, nach archaischer Rezeptur gefertigte „Ur-Schokolade" der Antica Dolceria Bonajuto aus Sizilien, A. Korkunov aus Russland, Green & Black's aus England, Dolfin aus Belgien, außerdem das volle Spektrum von Zotter- und Tiroler-Edle-Schokoladen aus Österreich. Ebenfalls erhältlich sind diverse aromatisierte und gefärbte Exemplare sowie die Trinkschokoladen sämtlicher Tophersteller und die in Frankreich beinahe religiös verehrten Marmeladen der Madame Christine Ferber. Überhaupt Marmeladen, die sind an diesem Ort nämlich ebenfalls Thema, Erich Stekovics aus dem Burgenland liefert hierher Erdbeermarmeladen der Sorte Mieze Schindler in drei verschiedenen Variationen, komplett neue Einsichten ins Marmeladethema verschaffen auch die Fruchtpreziosen von Walter Trausner, Physalis mit Sternanis zum Beispiel.

Beste Pfeifen: Ostermann

Wieder hinaus auf die Freyung, die Strauchgasse queren

und auf den Heidenschuß zum ältesten Pfeifen- und Raucheraccessoiregeschäft Wiens, Ostermann (1., Am Hof 5, Tel. 01/533 42 42, www.pipes.at, Mo–Fr 9–18, Sa 9–17 Uhr). Und auch, wenn Rauchen jetzt nicht unbedingt zum feinschmeckerischen Kernthema gehört, so zahlt sich ein Besuch dieses seit 1811 bestehenden Geschäftes auf jeden Fall aus, klassische Feuerzeuge, so weit das Auge reicht, Humidors und natürlich die besten Pfeifen aus Frankreich, Italien, Dänemark und England. Kaufen kann man Tabak hier übrigens nicht – weder für Pfeifen noch zu Zigarren gerollt –, da die Besitzerinnen nicht als Trafik fungieren und sich damit dem Werbeverbot des heimischen Monopols unterwerfen wollten.
Wir überqueren den Hof der Länge nach und bedauern kurz, dass vom einstmals hier befindlichen Fisch- und Krebsenmarkt genauso wenig geblieben ist wie vom bis zur Zwischenkriegszeit hier angesiedelten „Hauptmarkt der bürgerlichen Küchengärtner". In den 1970er-Jahren erfreute sich auch ein Flohmarkt großer Beliebtheit, geblieben ist davon nur eine kleine Zahl von Ständen, die von Antiquitätenhändlern und Verkäufern archäologischer Funde betrieben werden, sowie die obligatorischen Speck- und Moststandeln. Im prächtigen Generali-Haus am Ende des Platzes richtete der große Innsbrucker Weinversandhändler Gottardi 1998 eine Vinothek namens St. Urban (1., Am Hof 11, Tel. 01/532 28 35, www.sankt-urban.at, Mo–Fr 9–19, Sa 10–13 Uhr) ein, die sich vor allem durch eine sehr große Auswahl schöner Weine aus weniger bekannten Regionen – da vor allem Süditalien und Südfrankreich – auszeichnet, was sich in den Preisen sehr positiv niederschlägt. Nicht wenige Weine können glasweise verkostet werden, Geschäftsführerin Britt Kröger vermittelt Information ohne jede Abgehobenheit.

Vinothek St. Urban: günstige Weine aus der ganzen Welt

Wieder über den Platz zurück, nach links in die Bognerg., wo erstens das ► triolaa (1., Bognerg. 4, Tel. 01/533 84 90-0, www.triolaa-wien.at, Mo–Sa 7.30–24 Uhr) ein äußerst atmosphärisches Ambiente für einen gepflegten Snack und zweitens eines der am preiswertesten kalkulierten Mittagsmenüs der Stadt anzubieten hat.

Schräg gegenüber befindet sich ein Rohdiamant heimischer Marzipankreativität: In der City Confiserie (1., Bognergasse 5, Mo–Fr 9–18, Sa 9–14 Uhr) können zwar auch all die herkömmlichen Zuckerln und Mozartkugeln erworben werden, USP des winzigen Geschäftes ist aber das bunte Marzipan, und zwar in Form durchaus derberer Kost. So gibt es hier zum Beispiel ein täuschend echtes Leberkässemmerl, ein Paar Frankfurter mit Senf und Kren, eine stilgerecht eingeschnittene Burenwurst oder – und das war zum Zeitpunkt der Recherche der Höhepunkt des Angebotes – eine ganze Heurigenplatte mit allem Dazugehörigen von Blutwurst über Speck bis Fächergurkerl. Alles in Lebensgröße und aus Marzipan hergestellt. Gleich daneben befindet sich mit dem Schwarzen Kameel (1., Bognergasse 5, Tel. 01/533 81 25, www.kameel.at, Mo–Sa 8.30–24 Uhr) eines der ältesten und zugleich lebendigsten Lokale der Stadt. 1618 erwarb Johann Baptist Cameel dieses Haus und etablierte hier eine Gewürzhandlung, 1818 übernahm Joseph Stiebitz das Unternehmen, das 1825 zum Hoflieferanten in Sachen Wein und Gewürze wurde. Wobei es damals – und das ist dem heutigen Besitzer Peter Friese schon ein bisschen wichtig – nur fünf Hoflieferanten gab. Die große Inflation dieses Titels fand erst später statt, als man ihn gegen eine Spende in die Kriegskasse verliehen bekam. Aus der Zeit des Gewürzhandels stammt auch die Gestaltung der Schankstube, einer der „kulinarischen Kraftorte" Wiens, lebendig, laut, klassenlos: 1903 nach einem Entwurf von Adolf Loos von Robert Oerley ausgeführt, segeln

Tarnmarzipan: City Confiserie

Brötchen können zur Religion werden – im Schwarzen Kameel

da auf den Fliesen Schiffe mit vollen Segeln übers Meer, das lange Regal mit seinen vielen kleinen Läden und Fächern hinter Verkaufspult und Bar zeugt noch von der Zeit des Gewürzverschleißes; an die siebzig Leute arbeiteten früher in den dreigeschoßigen, riesigen Gewölbekellern unter dem Kameel, füllten ab, etikettierten, schlichteten. Obwohl das Weinangebot auch heute noch an die tausend Positionen umfasst – nur das Beste aus Deutschland, Frankreich, Italien, der Neuen Welt und Österreich –, schafft das heute ein Mann allein. Die absolute Spezialität ist hier aber der Beinschinken, der nun auch schon in der vierten Generation in Ottakring nach einem Geheimrezept für das Kameel hergestellt wird. So mild, zart und saftig ist ein Beinschinken sonst selten, und Peter Friese verrät auch, warum: „Erstens schneiden wir solche Mengen auf, dass nichts alt wird", und zweitens kommen nur die wirklich tollen Stücke – von einer Keule von zwölf Kilo sind das etwa dreieinhalb Kilo – mit frischem Kren auf den Teller und tragen zum legendären Ruf bei. Der Rest wird für Brötchenbelag oder sonst wie verwertet, das florierende Partyservice macht's möglich.

Die ursprünglich reich sortierte Auswahl an Feinkost wurde vor ein paar Jahren, als sich das Kameel vom reinen Tageslokal in ein vollwertiges Restaurant mit Abendgeschäft verwandelte, auf ein – erstklassiges – Minimum reduziert: ein atemberaubend guter geräucherter Katenschinken aus Norddeutschland, Prosciutto aus San Daniele, Parma und von Gigi Osvaldo aus Cormòns, eine Auswahl hauptsächlich französischer Käse sowie die einzigartigen Produkte des Waldviertler Ziegen- und Büffelkäsemeisters Robert Paget. Und natürlich die Brötchen! Die sind mindestens so legendär wie der Schinken, stellen im Schankbereich die kulinarische Attraktion dar – Linsen, Beinschinken, Rotkraut, Lauch, Ei mit Curry, Matjes, „pikant" usw. –, während im unvergleichlichen und absolut original erhaltenen Jugendstilrestaurant gehobene Wiener Küche der preislichen und qualitativen Topkategorie serviert wird.

Man kann sagen, was man will, das Kameel ist der einzige wirkliche „Klassiker" in Wien. Schön aber, dass man eben nicht nur klassisch bleibt, sondern intensiv an der Verbesserung und Erweiterung des Angebotsspektrums arbeitet, sei es hausgemachtes Liebstöcklpesto, seien es die *sughi*, die deutsche Aussteiger in der Toskana fürs Kameel rühren, seien es die Marmeladen, die Walter Trausner exklusiv kocht. Und von der Verpackungskultur – mitgewogen wird nur eine quasi gewichtslose Plastikfolie, verpackt wird dann auf Pappendeckel und mit bedrucktem Papier – können sich auch noch ein paar etwas abschauen.

Wieder hinaus in die Bognergasse, gleich gegenüber in die Seitzergasse, von dort in die Kurrentgasse, wo sich Wiens beste Bäckerei, Grimm (1., Kurrentgasse 10, Tel. 01/533 13 84-0, www.grimm.at, Mo, Di, Do, Fr 7–18.30, Mi 7–14, So 7–12 Uhr), befindet. Der Grimm alias Maderna (seit 1962 führt die Familie Maderna den knapp 500 Jahre alten Betrieb) sieht zwar nicht übermäßig reizvoll aus, das Brot ist es aber umso mehr: Das Roggenbrot namens „Rauchfangkehrer" hat das Zeug zum besten Schwarzbrot der Welt, die „Croutons" – kleine Sandwiches in unterschiedlichsten Geschmacksrichtungen – sind köstlich, das „Dawa"-Brot, ein extrem dunkles, fast schon schokoladiges Brot aus gemälztem Roggen, erschließt neue Brotgeschmacksdimensionen. Ein wichtiges Feld für die Bäckerei

Bäckerei Grimm

Grimm ist auch die Herstellung von Spezialbackwaren für unterschiedlichste Diäten: Candida, Diabetes, Zöliakie, Neurodermitis – Grimm hat für sämtliche Diäten eine umfangreiche Produktpalette, diese Brote werden, wie die „normalen" Brote auch, ausschließlich aus Pro-Landschaft-Mehl hergestellt.

Bäckerei Grimm

Empfehlenswerte Lokale in der Nähe sind der ► Finstere Stern 2 (1., Schulhof 8, Tel. 01/535 21 00, Mo–Sa 17–1 Uhr), wo man erstens in einem der schönsten Gastgärten der Innenstadt sitzen und zweitens sehr gut essen kann; und die ► Bodega Marqués (1., Parisergasse 1, Tel. 01/533 91 70, Mo–Fr 12–14, 18–1, Sa 18–1 Uhr, während der Sommermonate auch mittags), der beste Spanier der Stadt, wo man nicht nur so ziemlich jeden guten Wein Spaniens bekommt, sondern auch eine extrem interessante, kreative Tapasküche vorfindet.

Oder man macht weiter mit der Tour, durchmisst die Passage in die Kleeblattgasse, folgt dieser und wendet sich auf den Tuchlauben schließlich nach links, wo man sogleich beim Eissalon Perizzolo (1., Tuchlauben 15, Tel. 01/533 25 53, Mo–Sa 9.30–23.30, So 11–23.30 Uhr) angelangt ist. Dieser Eissalon ist in der Saison (Mitte März bis Ende September) so ziemlich immer voll, was sicher nicht am üppigen Design liegt, sondern an der kontinuierlich guten Qualität hauptsächlich der klassischen Sorten: Nocciolone, Kakao, Haselnuss, Vanille, Malaga, Kaffee, Pistazie – die Milcheissorten machen hier das Hauptprogramm aus, und das hiesige Topfeneis ist übrigens unerreicht.

Eissalon Perizzolo

Wine Company

Ein paar Schritte weiter kommt man zur ersten Filiale des größten deutschen Weinhändlers, Hawesko, in Wien: Die Vinothek Wine Company (1., Tuchlauben 21, Tel. 01/532 49 80, www.winecompany.at, Mo–Fr 11–19, Sa 10–17 Uhr) bietet im ehemaligen Hantak-Geschäft seit September 2003 an die 500 Weine auf zwei Stockwerken an. Gratis verkostet werden können hier hauptsächlich die Hawesko-Eigenmarken, das sind zumeist sehr preiswerte Weine aus „Wein-Entwicklungsländern" wie Tunesien oder Rumänien, aber auch aus den renommierten Regionen Europas und aus Übersee werden tadellose Markenweine in meist etwas übertrieben guter Aufmachung angeboten.

Auf der anderen Straßenseite und am Eck zum Hohen Markt findet man schließlich eines der unterhaltsamsten Geschäfte für Küchenutensilien: Rudolf Waniek (1., Hoher Markt 5, Tel. 01/533 14 12, Mo–Fr 10–18, Sa 10–12.30 Uhr) bietet (neben Herkömmlichem) Dinge an, von denen man sonst nicht wüsste, wo man sie herbekommen sollte: den Stammtisch-Aschenbecher in Schmiedeeisen etwa, den doppelten Kaffeemaßlöffel, die kugelförmige Zuckerdose in Chrom aus den 1970er-Jahren, den klappbaren Trinkbecher, den Weinspender, den Olivenentkerner, den Spiralschneider für Bierrettich und nicht zuletzt die Fußball-Backform – das sind Schätze!

Rudolf Waniek

Gleich daneben befindet sich übrigens der am besten sortierte und am stärksten frequentierte ▸ Würstelstand der Stadt (1., Hoher Markt, tägl. 7–5 Uhr). Worauf sich der legendäre Ruf dieses Kiosks gründet, ist schwer zu sagen. Die extrem große Auswahl an Flaschenbieren könnte ein Grund sein, andere behaupten, es hätte mit dem eindringlichen Geruch von Pferdeausscheidungen zu tun, die von den Fiakern mit Vorliebe genau hier platziert werden, wieder andere meinen, es hätte mit der – na, sagen wir einmal: speziellen – Filmkarriere des Mannes hinter der Budel zu tun. Egal, ein paar Schritte weiter trifft man auf die nächste Kuriosität, ein Computergeschäft mit Shop-in-Shop namens Ciao Toscana (1., Marc-Aurel-Straße 2a, Tel. 01/533 28 56, www.cuendet.at, Mo–Fr 9–18, Sa 10–13 Uhr). Und dieser Shop-in-Shop hat eine nicht zu unterschätzende Auswahl italienischer Spezialitäten und Weine, *sughi*, Pasta, eingelegte Gemüse, Olivenöle etc. Das Geheimnis dahinter: Die Produkte stammen von einem Tochterunternehmen der erfolgreichen toskanischen Ferienlandhausvermittlung Cuendet, die zur Hebung bzw. Verlängerung des Toskana-Feelings diese Produkte in Partnergeschäften anbietet.

Toskanisches bei Ciao Toscana

Entlang des Hohen Marktes, der seinem Namen gerade einmal durch die Existenz einiger Supermärkte entspricht, kommen wir zum Lichtensteg, der Verbindungsgasse zur Rotenturmstraße. Hier existiert seit 2003 der vom Architekten Christian Heiss schön gestaltete Weltladen (1., Lichtensteg 1, Tel. 01/535 28 86, www.weltladen.at, Mo–Fr 10–18.30, Sa 10–17 Uhr), in

Weltladen: fair gehandelt

Eisgeschäft Zanoni, die unendliche Vielfalt des Semifreddo

dem man „fair gehandelten" Kaffee, Schokoladeprodukte, Tee, Reis, Zucker und vor allem eine gute Auswahl an Gewürzen sowie Handbücher zu deren Verwendung erwerben kann. Über die Rotenturmstraße dann schließlich zum Schlusspunkt der Route: Das Eisgeschäft Zanoni (1., Lugeck 7, Tel. 01/512 79 79, www.zanoni.co.at, tägl. 7–24 Uhr) verdient in mehrerer Hinsicht Dank und Respekt: Erstens hat der riesige Eissalon mit integriertem Café und unendlich großem Gastgarten bis Mitternacht offen, was denen hilft, die sich bis dahin nicht entscheiden konnten (über dreißig Sorten!); und zweitens hat der Zanoni auch das ganze Jahr über offen, weshalb man hier das kreischend grüne Apfel sauer also auch bei Schneefall mit nach Hause nehmen kann.

Buntes Eis: Zanoni

Graben – Wollzeile

Ausgangspunkt: Graben (U1, U3 Stephansplatz)
Endpunkt: Dr.-Karl-Lueger-Platz (U3 Stubentor)
Die Route: Graben (Rasper & Söhne, Zur Schwäbischen Jungfrau, Frick, Altmann & Kühne) – Trattnerhof – Goldschmiedgasse – Petersplatz (Eifler, Waldland) – Freisingergasse – Jasomirgottstraße (Wein & Co, Deckenbacher & Blümner) – Stephansplatz (Ostovics, Manner, Metzger, Haas & Haas, Vinothek St. Stephan) – Wollzeile (Schönbichler, Heiner, Morawa, Aluminium, Böhle, Taste it)

Diese Route hat es in sich: Sie erstreckt sich zwar nur über wenige Hundert Meter, ist aber erstens gesäumt von feinsten Anbietern unterschiedlichster Warenkategorien, von äußerst traditionellen und äußerst schönen und mitunter sowohl traditionellen wie auch schönen Geschäften, an denen man keinesfalls vorbeigehen sollte und die einen Besuch auch dann wert sind, wenn man nur schauen will. Dann herrscht hier aber natürlich auch der touristische Wahnsinn, der einen beim Einkauf doch ein wenig behindert, was durchaus auch seinen Vorteil hat, denn diese Route ist zweifellos auch die teuerste der Stadt.

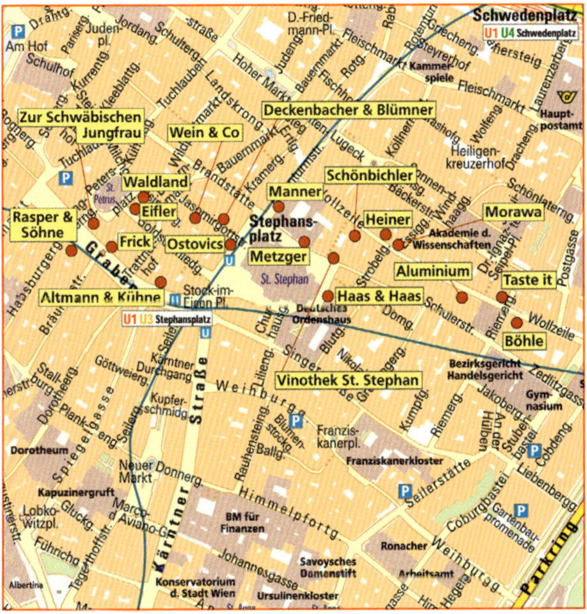

Wir beginnen die Graben-Tour bei einem der renommiertesten Geschäfte an dieser ersten Adresse Wiens, nämlich dem mehrstöckigen Spezialisten für edles Geschirr, edle Gläser, edles Kochwerkzeug, edle Tischkultur und edle Hochzeitslisten Rasper & Söhne (1., Graben 15, Tel. 01/534 33, www.rasper.at, Mo–Fr 10–18.30, Sa 10–17 Uhr). Seit 1832 besteht das Unternehmen schon an diesem Platz, der Ruf ist hervorragend, die Preise sind hoch, die Auswahl an Marken ist erlesen: Iittala-Geschirr aus Finnland etwa zählt zu den „moderneren" Posten, sonst ist Rasper & Söhne eher auf Renommiermarken spezialisiert wie die Silberbestecktitanen Robbe & Berking oder Christofle, auf Berndorf und Wilkens, auf Swarovski-Kristall, auf Riedel-Glas, auf Kochutensilien von WMF und Alessi. Im Erdgeschoß des Geschäftes ist eine kulinarisch eher weniger interessante Auswahl an edlen Einrichtungsaccessoires untergebracht, interessant wird's dann im unteren Halbstock, wo die Riedel-Kollektion ausgestellt wird, und zwar die ganze, was einen interessanten Vergleich zwischen sehr, sehr teuren und nicht ganz so teuren Glasserien ermöglicht (leider nur trocken). Im Kellergeschoß schließlich befindet sich der wahrscheinlich komplettest ausgestattete Küchenshop des Landes, wo man so ziemlich alles an Töpfen, Pfannen und Gerätschaft kaufen kann, was Rang und Namen

Rasper & Söhne: Töpfe!

Rasper & Söhne

hat, vor allem WMF scheint hier komplett vertreten, zum Beispiel auch mit einem formschönen Kirschentkerner oder Zwetschkensteinentferner in funkelndem Chromstahl.

Rasper & Söhne ist als Anfangsstation für diese Runde auch schon deshalb geeignet, weil man sich hier gleich einmal an das Preisniveau gewöhnen kann, welches hier am Graben und am Stephansplatz vorherrscht. Zum Beispiel schräg gegenüber in der Schwäbischen Jungfrau (1., Graben 26, Tel. 01/ 535 53 56, www.schwaebische-jungfrau.at, Mo–Fr 9.30–18, Sa 9.30–17 Uhr), wo man sich mit edler Tischwäsche eindecken kann. Seit 44 Jahren führt Frau Kommerzialrätin Hanni Vanicek ihr wirklich sehr besonderes Geschäft, man ist stolz darauf, so ziemlich jeden textilen Wunsch individuell und persönlich erfüllen zu können, man zählt zahlreiche Königs- und Fürstenhäuser zu seiner Stammkundschaft, man richtete die Hochzeit des Königs von Malaysia bettwäschemäßig genauso aus, wie man Szenelokale wie die Halle im MuseumsQuartier mit Tischwäsche versorgt. Monogramme werden hier in edle Reinleinenservietten gestickt, für alle wichtigen Adelswappen des In- und nahen Auslandes hat man ebenfalls Schablonen parat, den Hirsch gibt's in Grün oder Braun, wer hier feinste Tischwäsche mit Spargelmotiven sucht, wird sie finden – ebenso wie die seit kurzem besonders beliebten Umhängelätze mit aufgesticktem Hummer. Und der ganze Stolz gehört sowieso den Stoffen der oberösterreichischen Leinenweberei Leitner, der ein ganzer Stock gewidmet ist. „Wir führen keinen Dreck", damit versucht Frau Vanicek zu erklären, warum man bei der Schwäbischen Jungfrau nicht wirklich nach „Schnäppchen" suchen muss, und meint, dass es für viele Menschen wohl schon eine gewisse Hemmschwelle gebe, ihr Geschäft zu betreten. Es zahlt sich aber auf jeden Fall aus, auch nur, um zu begreifen, wie sich die besten Servietten der Welt anfühlen.

Zur Schwäbischen Jungfrau

Gleich daneben befindet sich die Buchhandlung Frick (1., Graben 27, Tel. 01/533 99 14-0, Mo–Fr 9–19, Sa 10–18 Uhr), in der immerhin an die 800 verschiedene Bücher zum thematischen Umfeld Kochen, Essen und Trinken geführt werden, im ersten Stock hat's darüber hinaus auch noch eine Sonderabteilung für Diätbücher. Man sollte allerdings schon vorher wissen, was man will, das Personal ist in dieser Buchhandlung rasch überfordert.

Buchhandlung Frick

Ein paar Schritte weiter findet man mit der Confiserie Altmann & Kühne (1., Graben 30, Tel. 01/533 09 27, Mo–Fr 9–18.30, Sa 10–17 Uhr) eine der Ikonen Alt-Wiener Patisseriekunst. Besonders das „Minikonfekt" ist es, das Stammkunden und mehr noch Touristen begeistert, und das vor allem wegen der bemerkenswerten Verpackung: Bei Altmann & Kühne lässt man nämlich seit 76 Jahren ganz typische Kistchen und Kommödchen aus Karton anfertigen, alles in Handarbeit, alles exklusiv und alles mit Motiven der Wiener Werkstätten beklebt, im Preisbereich von 9,70 Euro bis zu 313 Euro fürs etwas größere Format. Manche behaupten, dass die Verpackungen das Konfekt in puncto Qualität weit hinter sich lassen, sicher ist zumindest, dass die Kistchen länger halten als das Liliputkonfekt, das übrigens ganz ohne Konservierungsmittel hergestellt wird.

Altmann & Kühne

Durch den Trattnerhof und die Goldschmiedgasse auf den Petersplatz, wo das Samengeschäft Eifler (1., Petersplatz 11,

Die etwas ungewöhnlichen Samen: Eifler

Tel. 01/533 61 03, Mo–Fr 9–18, Sa 9–12.30 Uhr) der wohl zentralste Ort der Stadt ist, an dem man frische Estragonstöckerln oder Petersil, Basilikum und Pfefferminze im Topf bekommt. Davon abgesehen, hält der nette Laden ein unglaublich großes Angebot an mitunter äußerst exotischen und kuriosen Gemüse- und Kräutersamen bereit, Haferwurzel etwa, Zuckerwurzel, Blue-Ballet-Kürbis, Bittergurke, bunten Mangold, Tomaten namens „Balkon Star", acht verschiedene Karotten (darunter auch „Flyaway F1" sowie „Lange Rote Stumpfe ohne Herz"), alle Salate dieser Welt, Birnenmelone, Petrowski-Mairüben, Balsambirne, Erdmandel, Gartenmelde und Scheibengurke – ein Paradies für alle, die einen Flecken Erde haben. Unmittelbar daneben befindet sich das Geschäft Waldland (1., Petersplatz 11, Tel. 01/ 533 41 56, www.waldland.at, Mo–Fr 9–18 Uhr), und das ist in mehrerer Hinsicht interessant: Es handelt sich dabei nämlich um die Stadtfiliale des etwa 900 Mitglieder umfassenden Vereins zur Förderung von Sonderkulturen und Tierhaltungsalternativen im

Waldviertel-Aroma: Waldland

Karpfen, Wildhendl, Entenkrakauer: Waldland

Waldviertel. Was erstens bedeutet, dass man hier nur Produkte aus dem Waldviertel bekommen kann und zweitens, dass alles irgendwie besonders ist. Räucherforelle und die erstklassigen Karpfenfilets wirken noch vergleichsweise herkömmlich, exotischer wird's dann bei Entenkrakauer, Lammkäsewurst, Gänseschinken, Entenfrankfurter, Barbarieenten-Roller, Entengrammelschmalz und Minisaumaisen. Erstklassig auch die diversen sortenreinen Mohnöle der Firma Greßl aus Ottenschlag, Waldviertler Whisky und klarer Roggenbrand sowie einzelverpackte Speck-, Selchfleisch-, Grammel- und Waldviertler Knödel.

Wein & Co

Durch die Freisingergasse und die Jasomirgottstraße gelangt man schließlich in den Flagshipstore der Weinhandelskette Wein & Co (1., Jasomirgottstraße 3–5, Tel. 01/535 09 16-11, www.weinco.at, tägl. 10–24 Uhr), die hier einigermaßen erfolgreich ein Kombinationskonzept aus Restaurant, Weinbar und dem bekannten Weinsupermarkt betreibt. Das heißt, man kann hier erstens gegen einen Aufschlag von zwei Euro jede Flasche aus dem Regal an der Bar konsumieren, und außerdem kann man hier auch sonntags oder zu später Stunde einkaufen. Und das ist angesichts des hier gebotenen Sortiments und in Verbindung

mit der U-Bahn-nahen und zentralen Lage mitunter durchaus hilfreich: Nudeln von Rustichella d'Abruzzo und La Casa di Caccia, Sugos, Pestos, Essige und Öle (darunter die reinsortigen von Oliva Verde), eingelegte Gemüse unter anderem von Fink und Stekovics, Reis, getrocknete Pilze, Kaffee, Dolci, Thunfisch und andere edle Fischkonserven von Ortiz; nicht zu vergessen, dass man hier auch gekühlten Sekt und Champagner erwerben kann. Essen kann man hier übrigens auch, und zwar eine typisch „urbane Szeneküche" mit all den Elementen, die Großstadtbewohner so lieben. Farbige Punkte klären darüber hinaus auf, welche Art von Wein dazu empfohlen wird.
Etwas puristischer legt man's daneben in der ► Cantinetta Antinori (1., Jasomirgottstraße 3–5, Tel. 01/533 77 22, tägl. 11.30–24 Uhr) an – toskanische Küche und Antinori-Weine nämlich –, und da hier durchgehend gekocht wird, eignet sich die Cantinetta besonders für eine Stärkung zu untypischen Zeiten.
Schräg gegenüber kann man bei Deckenbacher & Blümner (1., Jasomirgottstraße 2, Tel. 01/532 69 45, Mo–Fr 9.30–18.30, Sa 9.30–18 Uhr) ein breites Angebot an Messern der Solinger Firma Zwilling erwerben, ebenso wie so ziemlich jedes Schweizer Offiziersmesser, das je gebaut wurde, und noch ein paar Küchengeräte der designteren Art. Vis-à-vis sieht das Angebot ähnlich aus, bei genauerem Hinsehen aber eben doch nicht: Gertrude Ostovics (1., Stephansplatz 9, Tel. 01/533 14 11, Mo–Fr 10–18.30, Sa 10–17 Uhr) führt ihr Fachgeschäft für Tischkultur schon seit dem Jahre 1968, ihr Sortiment noch zu überblicken ist für einen Normalsterblichen nicht mehr möglich, als Beispiel sei nur die Zahl der verschiedenen Pfeffermühlen angeführt: „So fünfzig bis siebzig werden's schon sein", und alles, wie Frau Ostovics betont, nur vom Besten und aus besten Materialien, „weil es ist ja nicht billig" – zweimal im Jahr allerdings werden beim Ausverkauf die schönen, schweren Pfannen, Töpfe, Messer und Mühlen dann erschwinglich.

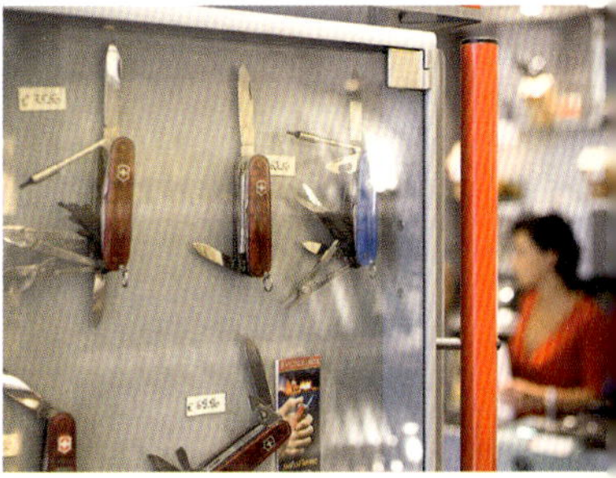
Deckenbacher & Blümner

Ostovics, Paradies der Pfeffermühlen

Im Erzbischöflichen Palais, Ecke Stephansplatz/Rotenturmstraße, versuchte vor ein paar Jahren ein Klosterladen zu reüssieren, was thematisch ja nicht unpassend erschien, die Bedürfnisse der hier das ganze Jahr über stark präsenten Touristen aber offenbar nicht so traf. Im Sommer 2004 wurde hier nun ein Shop des wohlbekannten Wiener Süßwarenunternehmens Manner (1., Stephansplatz 7, Tel. 01/513 70 18, www.manner.at, tägl. 10–21 Uhr) installiert, in dem also die beliebten Schnitten in allen Packungsgrößen und Geschmacksrichtungen zu bekommen sind, außerdem Ildefonso, die Schokobananen und Rum-Kokos-Kugeln von Casali in allen Formaten, Weinbeißer, Knöpfe, Schnittenblock etc. Auf kleinen Videoschirmen kann man zusehen, wie etwa so eine Schokobanane getunkt wird, und überhaupt geht's in diesem von den Prestige-Innenarchitekten BEHF gestalteten Geschäft ganz schön zu – offenbar mag man das eben. Die nächsten Meter sind hart für diejenigen, die den Geruch von Pferdeurin nicht so toll finden, doch baldige Rettung verspricht die Firma Metzger (1., Stephansplatz 7, Tel. 01/512 34 33, Mo–Sa 10–18 Uhr). Sie ist nämlich eine der am besten ausgestatteten Lebzeltereien des Flachlandes, hier kann

Manner total bei Manner

man zwischen säuberlich geschlichteten Weinbeißern, Nürnberger Früchtelebkuchen, dem spektakulären Rosinenbrot, Teestangen, Damaszenerlebkuchen, Honiglebkuchen mit Haselnuss, einem so genannten Hoheit-Lebkuchen und noch vielen anderen wählen. Hergestellt werden die Lebkuchen in einer Bäckerei in Perchtoldsdorf, und sie zeichnen sich allesamt durch Saftigkeit und subtile Süße aus.

Metzger: Best of Lebkuchen

Hinter der Apsis des Stephansdoms befindet sich das Teehaus Haas & Haas (1., Stephansplatz 4, Tel. 01/512 26 66, www.haas-haas.at, Mo–Fr 8–20, Sa 8–18.30 Uhr), das früher eher zu den weniger spezialisierten Teegeschäften zählte, sich aber dank Frau Eva Haas in den letzten Jahren durch unermüdliches Suchen und Probieren zu einem Spezialitätengeschäft erster Güte entwickelte. Jetzt ist der Tee, den man hier erwerben kann, zweifellos mehr als nur tadellos, besonders in Sachen Grüntee aus China und Japan verbesserte man sich sehr. Wirklich toll wird's allerdings, wenn man das Sortiment etwa der Marmeladen und Fruchtaufstriche betrachtet oder die Fruchtnektare mit Herkunftsbezeichnung (Weingartenpfirsich aus dem Bordeaux! Wilde Mangos aus Kamerun!) oder die *curds* oder die etwa zehn verschiedenen Honige oder die Blütenmarmeladen oder die Trüffelprodukte oder die diversen Senfe. Einzigartig auch die Fruchtpâtés aus Frankreich oder das Biomarzipan aus Lübeck, seit Sommer gibt es außerdem *clotted cream*, und das ist gut, denn diesen wichtigen Bestandteil eines echten englischen *cream tea* be-

Eva Haas, Haas & Haas

Vinothek St. Stephan

kommt man in Wien sonst nämlich nirgends. Das ist hier insofern auch von Bedeutung, als neben dem weitläufigen Teeladen ein kleines, sehr englisch gehaltenes Lokal liegt, das nicht nur über den hübschesten Sommergarten der Innenstadt verfügt, sondern auch über ein Frühstücksangebot (englisch, chinesisch, japanisch etc.), das seinesgleichen in dieser Stadt sucht.

Wieder zurück über den Stephansplatz zur Vinothek St. Stephan (1., Stephansplatz 6, Tel. 01/512 68 58, www.ststephan.at, Mo–Fr 9.30–18.30, Sa 9.30–17 Uhr), eine der ältesten Vinotheken der Stadt und zweifellos die honorigste. Der etwas „altvatrischen" Anmutung dieses in dunklem Holz gehaltenen Kontors wurde in den letzten Jahren mit einem etwas jüngeren, dynamischeren Programm begegnet, die Stärken des Hauses sind aber immer noch die Klassiker aus dem Bordeaux, dem Burgund und aus Porto sowie Altweine vor allem aus der Toskana.

Rare Whiskys bei Schönbichler

Durch die Passage des Erzbischöflichen Palais führt uns der Weg in die Wollzeile, wo wir linker Hand gleich einmal auf die unvergleichliche Tee-

und Spirituosenhandlung Schönbichler (1., Wollzeile 4, Tel. 01/512 18 68, www.schoenbichler.at, Mo–Fr 9–18.30, Sa 9–17 Uhr) stoßen. Das Geschäft existiert seit 1870, der versierte Tea-Taster und -Connoisseur Johann Schönbichler eröffnete es hier, anstatt mit seinen Fähigkeiten in London Geld zu verdienen. Die Atmosphäre des späten 19. Jahrhunderts blieb in diesem wunderschönen, duftenden Teekontor trotz diverser Umbauten sehr gut erhalten, was nicht zuletzt an der Person des Verkaufsleiters und Tee-Einkäufers Herrn Kollerus liegt. An die 200 Sorten Tee sind lagernd, daneben gewann in den letzten Jahren aber auch der Whisky stark an Bedeutung, und zwar primär die wirklich guten Destillerien aus Schottland und – besonders interessant – die Serie „Connoisseur's Choice": In diesen Flaschen befindet sich ausschließlich Whisky so genannter „Lost Distilleries", also bereits aufgelassener Brennereien mit so schönen Namen wie Brora oder Banff. Wahre Schätze also, unwiederbringlich, aber zum Glück nicht allzu knapp: Auch an Whiskys gibt's hier 200 verschiedene.

Schönbichler

Auf der anderen Straßenseite befindet sich schließlich das Stammhaus des früheren k.u.k. Hofzuckerbäckers, die Konditorei Heiner (1., Wollzeile 9, Tel. 01/512 23 43, www.heiner.co.at, Mo–Sa 8.30–19, So, Fei 10–19 Uhr), die nicht nur berühmt für ihr einschlägiges Publikum – die älteren Damen! – ist, sondern auch für ihre Pionierrolle in Sachen Diabetikerpatisserie und in den letzten Jahren immer mehr für die Trüffelspezialitäten. Das Angebot ist schwer zu überblicken, aber man gewann schon mit so ziemlich jeder Kreation irgendwelche Preise, liegt also nie falsch.

Konditorei-Archetyp Heiner

Morawa: alle Bücher & Magazine

Die riesige Buchhandlung Morawa (1., Wollzeile 11, Tel. 01/513 75 13, www .morawa-styria.at, Mo–Fr 9–19, Sa 9–18 Uhr) ist ein Spezialist auf vielen Gebieten, bei Koch- und Essbüchern aber zum Glück auch. Im ersten Stock findet man so ziemlich alles, was aktuell gerade am Markt ist, außerdem im Erdgeschoß ein erquickendes Spektrum an in- wie ausländischen Koch-, Wein- und Gourmetmagazinen. Ein Besuch der Morawa-Filiale während eines so genannten Einkaufssamstages vor Weihnachten ist nicht zu empfehlen, das braucht starke Nerven. Wieder auf der anderen Seite der Wollzeile trifft man schließlich ein kleines und sehr sympathisches Küchenwarengeschäft mit dem bezeichnenden Namen Aluminium an (1., Wollzeile 18, Tel. 01/512 01 07, Mo–Fr 8–18, Sa 8–12 Uhr). Prominente Designer und klingende Namen sind es nicht so, die das hiesige Angebot bestimmen, aber dafür findet man wirklich genau das, was man an Gerätschaft für die Küche braucht, und man findet es nicht zuletzt deshalb, weil die Damen in diesem winzigen La-

Aluminium: Hier weiß man Rat

Böhle: Feinkostmuseum und Portwein-Schatzkammer

den genau wissen, worum's geht. Ein guter Topf ist hier nicht einer, der eine Oberfläche aus gebürsteter Chrom-Molybdän-Legierung hat, sondern einer, der gut in der Hand liegt und lange hält. Darüber hinaus bekommt man hier Brotdosen für alle Lebenslagen und Auflaufformen für sämtliche Gattungen dieser kulinarischen Kategorie, dann die unverwüstliche Atlas-Nudelmaschine und ein Stück Porzellan, das sich tatsächlich „Eierteller" nennt.

Böhle

Bei Böhle (1., Wollzeile 30, Tel. 01/512 31 55, www.boehle.at, Mo–Fr 9–19, Sa 9–18 Uhr), ein paar Hausnummern weiter, wird's dann überhaupt wunderbar. Denn hier hat man so viele großartige Dinge und pfiff bis heute so sehr auf eine zeitgemäße Präsentation, dass einem ganz warm ums Herz werden kann. Feinkost, wie man sie sonst nirgendwo mehr antrifft, ist hier das Thema, neben Trüffel, Spargel, Kaviar und französischen Kartoffeln werden hier täglich an die 24 verschiedene Salate von rührender Gestrigkeit gereicht, das Repertoire ist aber noch viel größer: Die „Hauspartyliste" führt Dinge an wie Kaninchensülzchen in Schnittlauchdressing, Rehmedaillon auf Orangenscheibe, gefüllte Tomate mit Wurstsalat und natürlich Hühnerbrust auf Ananas. Neben dieser nostalgisch-sentimentalen Geschmacksreise hat Böhle aber außer-

Taste it: der Espresso und seine Maschinen

dem ein absolut großartiges Sortiment an Weinen, 300 Biere aus aller Welt und vor allem das beste Sortiment an teilweise uralten Madeiras und Portweinen der Stadt zu bieten. Zur Verkostung selbiger wurde vor ein paar Jahren sogar ein kleiner Extraraum eingerichtet.

Gegenüber findet sich dann noch einmal ein in Wien einzigartiges Geschäft. Das Taste it (1., Wollzeile 27, Tel. 01/512 94 23, www.tasteit.at, Mo–Fr 10–18, Sa 10–15 Uhr) hat sich nämlich auf Espressomaschinen spezialisiert und führt mehr als zwanzig verschiedene Modelle in dem kleinen Geschäft. Auch den Kaffee gibt es dazu, darunter rare italienische Marken mit hohem Kultfaktor und natürlich die entsprechende Erklärung bzw. Enthusiasmierung. Ein Geschäft, ohne das Espresso-Aficionados nicht sein können und wollen.

ROUTE 4

Rund um die Uni

Ausgangspunkt: Schottentor (U2)
Endpunkt: Roßauer Lände (U4)
Die Route: Schottentor, Schottengasse (Dungl-Zentrum, Haardt & Krüger, Radatz) – Teinfaltstraße (Shipping, Genußhandlung) – Schreyvogelgasse – Mölker Bastei (Demmer's Teehaus) – Universitätsstraße – Alser Straße – Frankhplatz (Weinpunkt) – Garnisongasse – Rooseveltplatz – Währinger Straße (Schober) – Berggasse/Liechtensteinstraße (Leporello) – Porzellangasse (Zweigstelle) – Servitengasse (Werkhaus Wagner, La Pasteria, Konditorei Bürger)

Gerne wird die Gegend rund um die Uni als sterbendes Grätzel bezeichnet, und ein bisschen stimmt das natürlich auch, denn hinsichtlich Infrastruktur und lebendiger Geschäftsszene gibt es interessantere Orte als hier. Was die Gegend aber interessant macht, ist die Durchmischung der sozialen Gruppen, die Bewohner der großbürgerlichen Wohnungen einerseits, die unendlich vielen Universitätsinstitute andererseits und schließlich

noch das Lycée, das sich auf die Gestaltung und Ausrichtung des hiesigen Handels leider gar nicht auswirkt – kein wahrhaftiger *traîteur* oder Ähnliches weit und breit. Aber dafür hat die Uni-Gegend die Porzellangasse und das so genannte Servitenviertel, und das pulsiert schon ganz schön, auch in Sachen schöne oder besondere Geschäfte, und dann wächst der Universitätsbezirk natürlich auch noch ein bisschen über den Ring in die Innenstadt hinein, und da ist dann auch noch das eine oder andere zu finden. Insgesamt ein sympathischer Ort, und wer genau hinschaut, der wird die guten Dinge auch finden.

Wir beginnen auf der von der Universität gesehen „jenseitigen" Seite des Rings, konkret in der Schottengasse, wo sich ein bisschen die schon im U-Bahn-Stationsbereich auffallende, eigentümliche Dichte an Snacks verabreichenden Bäckereiketten fortsetzt. Die lassen uns aber kalt, und wir lenken unseren Schritt in die Stadtdependance des Waldviertler Dungl-Zentrums inklusive „Gesundheitsecke" (1., Schottengasse 9, Tel. 01/535 48 99, Mo–Do 7.30–19.30, Fr 7.30–18 Uhr). Die Dungl'sche Gesundheitsecke ist ein gut ausgestattetes Reformhaus, in dem man aber auch ein wenig biologisches Gemüse in netten Bastkörbchen zum Kauf angeboten bekommt. Sonst ist die Präsentation ein wenig freudlos, was angesichts der hohen Produktqualität schade ist: Säfte, Öle, üblichere und exotischere Körner (Quinoa, Kamut), Butter, Tofu, Eier, Milch und so ziemlich alle Milchprodukte, Gewürze, hausgemachter Zitronenmelissesirup, Tee, das hervorragende Knäckebrot aus dem Waldviertel und eben auch ein reichhaltiges Sortiment an Fleischsurrogaten aus Tofu.

Reformkost im Dungl-Zentrum

Die Gerätschaft, diese mit Stil in Form und Garung zu bringen, kann man dort erstehen, wo sich das breite Schottentor zur eher sehr schmalen Schottengasse verengt, nämlich bei Haardt & Krüger (1., Schottengasse 3a, Tel. 01/533 73 29, www.haardt-krueger.com, Mo–Fr 9.30–18, Sa 9.30–17 Uhr). Ab 1875 wurden hier vorerst Produkte der eigenen Emailfabrik verkauft, im Laufe der Jahre dann immer mehr Fremdproduktion, heute vertritt Haardt & Krüger die namhaftesten Hersteller von Besteck, Geschirr, Porzellan, Messern und Küchengeräten, vor allem auf die eigene und ziemlich komplett ausgestattete Alessi-Abteilung ist man sehr stolz, aber auch amerikanische Klassiker wie Hamilton Beach und Kitchen Aid sind hier zu bekommen.

In diesem Sinne vielleicht etwas Fleisch für die Pfanne, und das bietet die City-Filiale der Edel-Fleischereikette Radatz (1., Schottengasse 3a, Tel. 01/533 81 63, www.radatz.at, Mo–Fr 7.30–19, Sa 9–17 Uhr) reichlich feil: Neben den üblichen Produkten stechen hier vor allem Sonderqualitäten wie das so genannte Schneeberg-Beef – eine spezielle Kreuzung heimischer Rinder mit edlen Fleischrassen aus Frankreich, nach strengsten Qualitätskriterien aufgezogen (Mutterkuhhaltung, tierärzliche Kontrolle), das Fleisch dann 21 Tage bei null Grad gereift – oder das „Mostviertler Freilandschwein", ein neues Schweinezuchtprojekt, an dem sich Radatz beteiligt, hervor. Ebenfalls nicht schlecht ist das hiesige Käseprogramm, und auch die diversen Saucen und Marinaden, die man sich zum Teil von Wiens Asien-Kultköchin Sohyi Kim kreieren ließ, verdienen Beachtung.

Haardt & Krüger

Radatz

Weiter durch die Schottengasse und rechts in die Teinfaltstraße, die zum großen Teil vom Bandagisten- und Heilmittelfachgeschäft Bständig dominiert wird, was uns aber nicht irritieren soll. Auf Nummer 4 findet man nämlich den äußerst skurrilen Laden Shipping (1., Teinfaltstraße 4, Tel. 01/533 15 75, Di–Fr 13–18.30, Sa 11–17 Uhr), eine Filiale des gegenüberliegenden, in Wien längst einigermaßen legendären Ramschladens ► Kaufhaus Schiepek (1., Teinfaltstraße 3, Tel. 01/533 15 75, www.kaufhaus-schiepek.at, Mo–Fr 10–19, Sa

10–18 Uhr), spezialisiert auf sehr farbenfrohes Geschirr aus dem Kunststoff Melamin. Teller und Schalen und Häferln aus dem Sixties-Material gibt es hier in allen Formen und Größen, unzerstörbar und für den stilsicheren Bobo völlig unentbehrlich. Außerdem hier zu haben: Plastiksushi aus Tokio sowie andere Kunststoffskurrilitäten aus Mexiko und Indien. Gleiche Straße, aber andere Straßenseite, wo man auf die winzige und hinter einem der vielen neuen Asia-Restaurants recht gut versteckte Genußhandlung (1., Teinfaltstraße 11, Tel. 01/533 13 67, Mo–Mi 13–19, Do–Fr 13–22 Uhr) trifft: Übelmeinende behaupten zwar, dass hier primär Vertreter der SPÖ-Zentrale in der Löwelstraße einkehren, um dem Brunello zu frönen, das ist aber unwahr, die Belegschaft von Burgtheater und Rathaus tut dies ebenso. Tatsächlich hat diese winzige Weinhandlung ein ausgesuchtes Angebot an Weinen vorwiegend aus Österreich, Italien und Spanien zu bieten, außerdem ein bisschen Oliven und köstliche Dosensardinen, was gemeinsam mit ein wenig Käse und Schinken auch das kulinarische Programm der Genusshandlung darstellt.

Shipping: Melamin-Kult

Genußhandlung

Wieder zurück zur Schreyvogelgasse, dieser entweder ebenerdig folgen und dann rechts in die ► Mölker Bastei einbiegen oder – spektakulärer – die noch existente Bastei erklimmen, die schönste Filiale der ► Schuhfabrik Reiter im ► Schubert-Wohnhaus „Dreimäderlhaus" (1., Mölker Steig 1, Tel. 01/533 42 04-22, www.ludwig-reiter.com, Mo–Fr 10–18.30, Sa 10–17 Uhr) und das ► Beethovenmuseum im so genannten

Demmer's Teehaus: Teekultur auf englische Art

Pasqualatihaus (1., Mölker Bastei 8, Tel. 01/535 89 05, Di–So, Fei 10–13, 14–18 Uhr, Ostermontag, 1. Mai, Pfingstsamstag, Allerheiligen und Christtag geschlossen) passieren und so in die Mölker Bastei gelangen. Dort vertritt nun auch schon seit über zwanzig Jahren Demmer's Teehaus (1., Mölker Bastei 5, Tel. 01/533 59 95, www.tee.at, Mo–Fr 9–18, Sa 9.30–13.30 Uhr) eine eher angloamerikanische Teekultur, konkret war dieses Teehaus von Andrew Demmer das erste in Wien, das einen Gegenpol zu der bis dahin eher im esoterisch-obskuren Bereich angesiedelten Szene darstellte. Das Konzept ist bis heute dasselbe: Man bekommt alles rund um die englische Teezeremonie, das heißt: Kannen, Häferln, Topflappen mit lustigen Motiven, natürlich auch 250 Teesorten mit Schwerpunkt aromatisierte Tees, man bekommt dänische und englische Marmeladen sonder Zahl, *confit des fleurs*, Konfitüren aus der Provence, die sonst nirgends zu bekommenden Marmeladen von Thursday Cottage, Dolfin-Schokolade und letztendlich ein absolut zu würdigendes Sortiment an Shortbread und Shortbread-Verwandten. So selten man diese buttrigen Bröselkekse aus Schottland auch isst, so wunderbar sind sie dann, erhellen das Gemüt, wenn der Nebel einfällt. Außerdem ist Demmer's Teehaus immer wieder für Überraschungen gut, der Keramikgriller etwa ist eine Zier jedes Balkons und sonst auch nicht so leicht zu finden.

Nun auf die andere Seite des Rings, ober- oder unterirdisch, die Universitätsstraße entlang und vorbei am Neuen Institutsgebäude, die Landesgerichtsstraße queren und über die Alser Staße auf den Frankhplatz vor der Nationalbank, wo Adi Heinrich, der langjährige Sommelier des Hotels Intercontinental, seit 2001 seine kleine Vinothek Weinpunkt (9., Frankhplatz 4, Tel. 01/403 89 32, www.weinpunkt.at, Mo–Fr 15–21 Uhr und länger) führt. Burgenland ist hier das wesentliche Thema, ergänzt durch Italien, Spanien und Neue Welt.

Weinpunkt

Kaufhaus Schober

Der Weg führt uns wieder zurück über die Universitätsstraße bis zur Votivkirche, die wir über den Rooseveltplatz passieren (weil es auf dieser Seite netter ist, weil hier ein Minigolfplatz ist und weil diese Seite des Hotels Regina ein besseres Bild abgibt), und gelangen auf den interessantesten Abschnitt der Währinger Straße: vis-à-vis das 2003 eröffnete, extracoole Asia-Lokal ► ra'an (9., Währinger Straße 6–8, Tel. 01/ 319 35 63, www.raan .at, Café 8–18, Restaurant 18–1, Bar Mo–Sa 21–4 Uhr) mit komplett unterschiedlichen Mittags-, Abend- und Nachtatmosphären, dann das auch nach über zwanzig Jahren immer noch dynamische und lebhafte ► Café Stein (9., Währinger Str. 6–8, Tel. 01/ 319 72 41, www.cafe-stein .com, Mo–Sa 7–1, So, Fei 9–1 Uhr), die Mutter der Uni-Lokale neuerer Generation, und, drüber der Maria-Theresien-Straße, dann noch eine Filiale der ► bagel station (9., Währinger Straße 2–4, Tel. 01/276 30 88, Mo–Fr 8–21, Sa 9–20, So 10–18 Uhr), ein österreichisches Fast-Food-Konzept, dem Qualität ebenso wenig fremd ist wie modernes Design und das es immerhin schon nach Hamburg geschafft hat. Geradeaus, die Türkenstraße hinunter, befindet sich auf Nr. 3 ► das AAI, das Afro-Asiatische Institut, das lange Zeit als die beste Mensa Wiens galt (nicht zuletzt wegen der großen Portionen, Tel. 01/310 51 45), wir biegen aber trotzdem nach links ab, wo sich das Kaufhaus Schober befindet (9., Währinger Straße 3, Tel.

01/406 12 61, Mo–Fr 8.30–18.30, Sa 7.30–13 Uhr). Der Schober ist nicht nur deshalb ein Phänomen, weil es ihn schon ewig gibt und er seit jeher von den Bewohnern der Gegend angepeilt wird, wenn es „etwas Besonderes" sein soll. Man muss ihm auch zugute halten, dass er immer besser wurde, je mehr die unmittelbare Umgebung in Richtung Pizzaschnitte, Döner, Tiefkühl-Germknödel und Leberkässemmel driftete. Heute zählt das Geschäft von Sissi und Richard Schober zu den besten Feinkostgeschäften der Stadt, die Auswahl an Wurst, Schinken und Käse ist enorm, wird allen Ansprüchen gerecht. Besonders schön ist das Einkaufen hier aber auch deshalb, weil man sich um jeden Kunden bemüht, als wäre er der einzige, jeden Schinken angreift, als wäre er aus Damast. Das dauert, schon klar, aber die Mortadella liegt schön kühl, die wird nicht so schnell schlecht. Apropos schön kühl: Der Fleischkühlkasten im Hintergrund der Theke macht natürlich ordentlich was her, und auch das massive Schneidbrett kündet von einer Feinkostidylle aus anderen Zeiten. Abgesehen davon gibt es hier selbst geröstete Mandeln, die in Wien selten so gut zu finden sind und jedes Glas kühlen Finos oder Manzanillas adeln.

Buchhandlung Leporello

Schwer trennt man sich, aber es muss sein, und außerdem warten die anderen Kunden eh schon lange genug, also die Berggasse steil bergab, vorbei am ► Café Berg (9., Bergg. 8, Tel. 01/319 57 20, www.cafe-berg.at, tägl. 10–1 Uhr), das zweifellos das schönste und bezauberndste der deklarierten Gaylokale der Stadt ist. So schön, dass sich Heteros hier auch sehr wohl fühlen, weshalb man vor ein paar Jahren zur positiven Diskriminierung der Zielgruppe greifen musste und die schönsten Tische für Gays reservierte. Nach kurzer Aufregung hatte man sich daran aber gewöhnt. Gleich nebenan befindet sich die ► Buchhandlung Löwenherz, in der so ziemlich jedes schwul/ lesbische Buch der Welt zu bekommen ist, mit Fotos, mit Philosophie, mit Fantasien (Tel. 01/317 29 82, www.loewenherz.at, Mo–Do 10–19, Fr 10–20, Sa 10–18 Uhr). Ebenfalls Bücher gibt es ein paar Meter weiter unten in der Berggasse, nämlich in der Buchhandlung Leporello (9., Liechtensteinstr. 17/Ecke Burgg., Tel. 01/319 86 12, www.leporello.at, Mo–Fr 10–18.30, Sa 10–13 Uhr), und zwar lauter schöne und gute, die von Rotraut Schöberl und ihrem Team gepflegt werden. Das Leporello ist der „Neighbourhood-Bookshop" par excellence, im Gegensatz zu amerikanischen Varianten wird hier allerdings nicht Milchkaffee serviert, sondern roter Wein. Eine Besonderheit dieses wohltuenden Ladens ist nämlich, dass hier nicht nur Literatur, sondern auch Wein verkauft wird. Nicht viel, an die zehn Sorten, aber die müssen sich zweimal im Jahr einer Blindverkostung stellen, bei der das Programm für die nächsten sechs Monate festgelegt wird. Italien kommt viel vor, vor allem die südliche Toskana um Montepulciano, aber auch Sizilien ist vertreten und immer wieder das Weingut Wimmer-Czerny aus Fels am Wagram. „Wir sind so eine Art Nahversorger", meint Rotraut Schöberl, und man weiß, was sie meint.

Zweigstelle

Werkhaus Wagner

Den Abstecher in die Liechtensteinstraße 27 kann man sich leider sparen, da der unvergleichlich skurrile Mexiko-Supermarkt Casa Mexico *(www.casamexico.at)* aus Platzgründen mit seinen Hunderten Salsas, Chilisaucen, Tacos, Tortillas, Churros, Chayoles, Tequilas und Bohnen in großen Nylonsäcken leider in den 22. Bezirk übersiedelt ist. Trost findet man ein paar Schritte weiter in der Porzellangasse, und dort im wunderbaren Blumenladen Zweigstelle (9., Porzellangasse 4, Tel. 01/315 66 98, www.zweigstelle.com, Mo–Fr 10–19.30, Sa 9–17 Uhr). Der Name trifft die Sache ziemlich gut, denn mit normalen, lieben Schnittblumen oder Topfpflanzen darf man hier nicht rechnen: meterlange Wurzeln, Arrangements aus Agaven und Kaktus, Kombinationskunst aus

Lilien mit Gummischläuchen, riesige Avocados und Disteln – Pflanze als Designobjekt, gewachsene Dekoration, sehr beeindruckend.

Um die Ecke in die Servitengasse, wo sich in den letzten Jahren ein absolut wunderbares Biotop aus alten Geschäften vor der Kulisse einer bezaubernden Häuserzeile entwickelt hat. Beste Restaurantadresse ist hier das ► Bordeaux (9., Servitengasse 2, Tel. 01/315 63 63, www.bordeauxbar.at, Mo–Fr 12–14, Mo–Sa 18–1 Uhr), in dem der junge Aurelio Nitsche eine junge, ambitionierte Aromenküche praktiziert. Ein paar Häuser weiter befindet sich das neue Teehaus ► Cha Lu (9., Servitengasse 8, Tel. 01/319 34 74, www.cha-lu.at, Mo–Fr 10–19, Sa 9–13 Uhr) des gelernten Psychotherapeuten Mario Slobodzian, der hier mit chinesischem Tee seine persönliche Erfüllung fand und sich über das edle Heißgetränk meditativ dem Glück nähern will. Gleich daneben gibt es seit 15 bis zwanzig Jahren, Danielle Wagner weiß es selbst nicht mehr so genau, das Werkhaus Wagner (9., Servitengasse 8, Tel. 01/ 310 15 73, Mo 15–18, Di–Sa 10–13, 15–18 Uhr), wo man nicht nur wunderbaren Krimskrams für jede Gelegenheit und jeden Winkel eines großen Hauses finden kann, sondern vor allem die besten Café-au-lait-Tassen der Welt: Aus der Lorraine kämen die, erklärt Frau Wagner, und was diese Häferln so gut mache, könne sie auch nicht sagen, wenn man's probiert, weiß man's aber.

Beste Pasta: La Pasteria

Gleich daneben hat sich das ursprünglich nur als Herstellung für frische Pasta konzipierte La Pasteria (9., Servitengasse 10, Tel.

Konditorei Bürger: das Golatschen-Geheimnis

01/310 27 36, www.la-pasteria.at, Mo–Fr 10–19, Sa 9–13 Uhr) zu einem der führenden Alimentari in Wien entwickelt: Markus Billig, früher als Manager in der ganzen Welt unterwegs, übernahm die kleine Nudelfabrik und erweiterte bald um eine absolut adrette Spezialitätenabteilung, in der man neben etwa zehn Sorten frischer Ravioli vor allem die unglaublichen Käse des italienischen Käsegurus Luigi Guffanti bekommen kann – fast schon vergessene Arten und Qualitäten von mitunter etwas erschreckendem Aussehen und Geruch, etwas für Spezialisten. Außerdem zu bekommen: *salame* und *prosciutti* der Extraklasse, unvergleichliche gebratene Sardinen in Olivenöl oder Salsa alla Bottarga von Sangioloro, gefüllte Oliven, Olivenöl, uralter Balsamico, was man eben so braucht. In einem Nebenraum eröffnete Billig 2002 dann auch noch ein winziges und kühl-modern gehaltenes ► Ristorante (Tel. 01/310 27 36, Mo–Fr 10–23, Sa 10–14, 18–23 Uhr), in dem sich nicht nur die Tischkultur auf höchstem Niveau befindet – der Rest ist auch sehr gut.

Als Schlusspunkt der Runde schließlich eine der wunderbarsten und wunderlichsten Konditoreien der Stadt: Das kleine Geschäft von Ingrid Bürger (9., Servitengasse 12, Tel. 01/315 70 80, Mo–Fr 7–18.30, Sa 7–13 Uhr) war schon berühmt und legendär für die hausgemachten Golatschen und Strudel, als es noch ihr Vorgänger führte, und ist es heute immer noch. Seit über hundert Jahren existiert diese konditoreimäßige Besonderheit hier, man kombinierte die alten, kleinen, stuckverzierten Räume sehr gelungen mit bunten Farben und Illy-Kaffeedosen, die Atmosphäre erinnert an Amsterdam. Wie gesagt, die Topfengolatschen sind einen Umweg wert, und woran das liegt, dass die hier so gut sind, wird natürlich nicht verraten. Klar, soll ja noch weitere hundert Jahre halten, die Legende.

ROUTE 5

Spittelberg

Ausgangspunkt: MuseumsQuartier (U2)
Endpunkt: Neustiftgasse (U2, U3 Volkstheater)
Die Route: MuseumsQuartier (Unter'm Hollerbusch) – Siebensterngasse (Artee) – Stiftgasse (D'più) – Lindengasse (Govinda) – Zollergasse (Naturkost St. Josef) – Siebensterngasse (Vom Fass, Allegro Music & Wine Lounge) – Sigmundsgasse (L'Epicerie) – Burggasse (Feinkost Höller) – Spittelberggasse (Naturkost Spittelberg) – Burggasse (Bienenkorb) – Faßziehergasse – Neustiftgasse (Mechitharine) – Lerchenfelder Straße (Vollkornbäckerei Kornradl)

Es gibt mittlerweile freilich „hippere" Plätze als den Spittelberg, der in gewisser Weise zum Inbegriff der urbanen Idylle wurde, zum Refugium für städtische Lieblichkeit und Frieden. Hier leben die meisten, die kreativsten und die am besten verdienenden Singles der Stadt, der den Spittelberg umschließende Bezirk Neubau war bei Redaktionsschluss der einzige Bezirk des Landes mit einem grünen Bezirksvorsteher (der bis dahin eine

Trafik in der Siebensterngasse am so genannten Siebensternplatz hatte). Entsprechend ist auch die Infrastruktur dieses Grätzels geprägt: Selbstfindung, Meditation, Buddhismus, fernöstliche Heilslehren – und natürlich Bioläden. Sehr viele Bioläden, Bioläden an jeder Ecke, Bioseifen, Biokräuter, Bioweine, Biobrot. Und dann gibt es hier noch ein paar sehr schöne Lokale, die in ihrer Urigkeit oder speziellen Kombination einfach nirgendwo anders in Wien vorstellbar wären als eben hier am Spittelberg, wo man den Klang afrikanischer Trommeln durch die Gassen klingen hört, wo man mit dem Restaurator der barocken Fassade von gegenüber eine Zigarette raucht, wo man gemeinschaftlich froh ist, wenn der Advent und mit ihm der mitunter fast schon unerträglich liebreizende Adventmarkt zu Ende ist. Eine ordentliche Portion Dynamik bekam das an chronischer Lieblichkeit laborierende Viertel durch das MuseumsQuartier zwar durchaus ab, auf die Infrastruktur und das Angebot der unmittelbaren Umgebung hatte das allerdings geringen Einfluss.

Unter'm Hollerbusch

Genau hier beginnen wir allerdings die Runde, im MuseumsQuartier, und zwar im Hauptgebäude, wo im Sommer 2003 das einzige Geschäft des gesamten Areals aufmachte, in dem man auch etwas zu essen bekommt. Und es wurde – wenig überraschend – ein Bioladen, wenngleich ein sowohl sehr guter wie sehr schöner: Das Unter'm Hollerbusch (7., MuseumsQuartier, Museumsplatz 1, Haupteingang, Tel. 01/526 53 03, www.hollerbusch.at, Mo–Fr 9–19, Sa 9–18 Uhr) ist eine Filiale des wahrlich wunderschönen Hollerbusch-Bioladens in Zwettl, wie dort werden nicht nur die prächtig verpackten Sonnentor-Produkte und ein breites Spektrum an Hildegard-von-Bingen-Tees geführt, es gibt auch ein kleines, aber ausreichendes Sortiment an Obst und Gemüse, Bioeis, die absolut hervorragenden (wenngleich immer ein bisschen mit einem Haltbarkeitsrisiko behafteten) Hoflieferanten-Milchprodukte, die einem deutlich vor Augen führen, wie Milch oder Joghurt nämlich auch schmecken können, dann noch seit Sommer 2004 (einziger Anbieter in Wien!) die Tiroler Bio-vom-Berg-Linie (Käse, Milch), immerhin neun verschiedene Biobiere, darunter auch das legendäre Emmerberg Öko-Pils. An die 1500 Produkte seien es, erfährt man, alles sehr schön und übersichtlich angeordnet, mit einer Anmutung, die eher an den amerikanischen Edelsupermarkt Dean & Deluca erinnert als an die bekannte Bioladen-Ästhetik. Die Einkaufskörbe sind geflochten, und statt Retourcents bekommt man biologische Gummibärli oder Teesackerln. Gekocht wird hier auch noch ein bisschen, und zwar biologisch, vegetarisch, oft sogar vegan.

Über den großen Platz im MuseumsQuartier, wo die ► Kantine (7., Museumsplatz 1, Tel. 01/523 82 39, So–Mi 10–24, Do–Sa 10–2 Uhr) mit Schremser Bier, den besten Pita-Fladen der Stadt und einer sagenhaft guten Fischsuppe lockt, bzw. einen die ► Halle (7., Museumsplatz 1, Tel. 01/523 70 01, www.diehalle.at, tägl. 10–2 Uhr) mit attraktiven Frühstücken, schönen Menschen und brav-mediterranen Happen vom Einkaufsweg abbringen will. Aber da muss man durch, die Treppe zwischen Kunsthalle und Museum Moderner Kunst hinauf, durch das neue Tor zur Breiten Gasse und in die Siebensterngasse in die Kernzone des Spittelbergs. Gleich am Anfang kommen wir da zum Teeladen Artee (7., Siebensterng. 4, Tel. 01/524 01 66,

Artee: bester Grüntee und bestes Equipment

www.artee.at, Mo–Fr 11–19, Sa 11–17 Uhr), der so heißt, weil er 1998 eigentlich als Kombination aus Teehaus und Schmuckgalerie eröffnet wurde – der Tee war aber stärker. Artee ist der beste Anbieter Wiens, wenn nicht Österreichs, wenn es um hervorragende Grüntees aus Taiwan, China und Japan geht, die Toptees wie zum Beispiel der Li-Shan, der Ali-Shan oder der Tung Ting Wulung sind teuer und edel, können bis zu zehn Mal aufgegossen werden, stellen die höchste Stufe des Teegenusses dar, Lay Man Ngo importiert sie zumeist selbst von kleinen Anbauern direkt in der Region. Und auch, wenn man im Artee sowohl die chinesische als auch die japanische Teezeremonie erlernen kann (für Erstere muss man mindestens zwei bis drei Stunden einplanen, für die japanische Zeremonie wurde überhaupt ein eigener Raum eingerichtet), hat das hier angenehmerweise überhaupt nichts Transzendental-Esoterisches. Im Gegenteil, es geht schlicht und ergreifend um beste Qualität und nicht um eine heilende oder sonst eine Wirkung. Dafür gibt es aber neben wunderschönem Teegeschirr – unter anderem auf offenem Feuer gebrannte Lehmtassen, die ohne Töpferscheibe hergestellt werden, aus dem Burgenland – auch so köstliche Spinnereien wie japanische Grünteeschokolade von Horaido aus Kioto. Diese hellgrüne Teeschokolade übertrifft alle anderen Versuche, Tee und Schokolade zu vereinen, und ist wunderschön verpackt noch dazu, und für den kleinen Snackwahnsinn zwischendurch gibt's auch knusprige Grüntee-Schokolade-Hippen. Sollte man absolut immer bei sich haben.

Artee

So, auf der Siebensterngasse weiter, vorbei an den kleinen Spittelberggässchen rechter Hand, und links in die Stiftgasse bis in Sicht- und Hörweite der Mariahilfer Straße, wo wir im Erdgeschoß des Herzmansky-Hauses den sympathischen Italo-Supermarkt D'più antreffen (7., Stiftgasse 5–9, Tel. 01/522 94 99). Hier bekommt man in nüchterner Diskonteratmosphäre und zu Eros-Ramazotti-Klängen alles, was italienische Großfamilien auch brauchen, also zuerst einmal Pasta in allen Formen und vor allem in allen Packungsgrößen, eine Vielzahl unglaublich billiger Weine, original italienischen Mascarpone in der Familienpackung, preiswerten Grappa zum Flambieren, großartige Fruchtsäfte, die sich einfach nur die italienische Fantasie ausdenken kann, dann diese kleinen Fläschchen mit der herrlichen Bitterlimonade (nicht original Sanbittèr, aber dafür billiger), Moretti-Bier, die unterschiedlichsten geriebenen Käse sowie Mortadella, Prosciutto, Salami, Coppa und Bresaola, alles vorgeschnitten und vakuumverpackt. Eine Tiefkühltruhe wartet außerdem mit großen Säcken voll schöner Muscheln und Tintenfische auf, sowohl reinsortig als auch für Fritto misto, Sardellen gibt's ebenso wie tatsächlich ganz passable Scampi. Alles nicht unbedingt in den besten aller denkbaren Qualitäten, aber dafür passen sowohl die Diskonteranmutung als auch der Preis.

Govinda

Zurück, in die Lindengasse, die sich gerade daranmacht, mittels Secondhandläden, Friseurstudios und Galerien ein bisschen cooler zu werden, und dort in das gute alte Govinda (7., Lindengasse 2a, Tel. 01/522 28 17, www.govinda.at, Mo–Fr 10–18.30, Sa 10–14 Uhr), wo Ilse Vossough Hilfsmittel für das vedische Leben verkauft, unter anderem etwa mehr als zwanzig indische Gewürze,

Govinda: vedische Gewürze für vedisches Essen

die auch in einer nichtvedischen Küche keinesfalls verkehrt sind. Ebenfalls zu haben sind Himalajasalz, Basmati, Mangomus, Kichererbsen in unterschiedlichsten Erscheinungsformen und noch ein paar Mehle, Bohnen und Samen mit schönen indischen Namen. Essen kann man hier auch ein bisschen, das täglich angebotene Mittagsmenü ist vegetarisch und ayurvedisch zubereitet.

Das gibt Kraft, um bis zur nächsten Station zu kommen, die Lindengasse entlang und rechts in die Zollergasse hinein, wo nach der Kreuzung mit der krummen Mondscheingasse einer der interessantesten Bioläden der Stadt wartet, nämlich das Naturkost St. Josef (7., Zollergasse 26, Tel. 01/526 68 18, Mo–Fr 8–23, Sa 8–16 Uhr). Vor etwa zwanzig Jahren, und zwar nach der Elektrifizierung einer Fleischhauerei, beschloss der damalige Elektroinstallateur Othmar Holzinger, vegetarisch zu leben, außerdem ein bisschen nach Indien zu gehen und schließlich den Bioladen aufzumachen. Der wird in seiner Angebotsbreite heute nur von wenigen Geschäften übertroffen, wobei man dazu übergehe, so Holzinger, die Kosmetik schön langsam auszulagern und sich nur mehr auf Nahrungsmittel zu konzentrieren. Absolute Spezialität des St. Josef sind seine etwa fünfzig biologischen Weine, eine Vielzahl teils hervorragender Öle, die wunderbaren Biosaucen, Pestos und Antipasti von La Selva aus der Maremma. Das Geschäft wirkt gewachsen und ist es auch, der Gemüsebereich ist absolut sehenswert, immerhin kommt man hier zu Spitzenzeiten auf nicht weniger als zwölf verschiedene Erdäpfelsorten, und so viele hat nicht einmal der Meinl. Abgesehen davon, dass Holzinger und Kollegen im Jänner 2003 auch ein Lokal aufmachten, in dem etwaige Restbestände vom Tag verarbeitet werden können. Eröff-

Naturkost St. Josef

net wurde da freilich das „offizielle" und behördlich genehmigte ► Lokal St. Josef (7., Mondscheingasse 10, Tel. 01/526 68 18, Mo–Fr 9–22, Sa 8–16 Uhr), gekocht hatte man auch schon die Jahre zuvor in einer ehemaligen Seidenfabrik zwei Stockwerke über dem Geschäft, erreichbar über eine Hintertreppe, mit Selbst-Abwiegen, vergleichsweise still und irgendwie äußerst verschwörerisch. Ganz so ist das im neuen Lokal natürlich nicht mehr, das frühere Loft steht für Veranstaltungen aber immer noch zur Verfügung.

Wieder in die Siebensterngasse – vorbei am schönen ► Café Nil (7., Siebensterngasse 39/Ecke Zollergasse, Tel. 01/526 61 65, tägl. 10–24 Uhr), am kommunistischen Zentralbeisl ► 7stern (7., Siebensterngasse 31, Tel. 0699/15 23 61 57, www.7stern.net, Mo–Sa, Fei 16–2 Uhr) und am coolen ► Shultz (7., Siebensterngasse 31, Tel. 01/522 91 20, www.shultz.at, Mo–Do 9–2, Fr, Sa 9–3, So 17–2 Uhr) –, wo am „Siebensternplatz" ein recht besonderes Geschäft mit dem Namen Vom Fass (7., Siebensterngasse 46, Tel. 01/526 94 00, www.vomfass-wien.at, Mo–Mi, Fr 10–18.30, Do 10–20, Sa 10–17 Uhr) zu finden ist.

Selber abfüllen: Vom Fass

Vom Fass ist eine deutsche Geschäftsidee, die sich dadurch auszeichnet, dass etwa 130 unterschiedlichste flüssige Nahrungs- und Genussmittel in Fässern bzw. Glasballons lagern und man sich die Menge abzapfen kann, die man gerade braucht. Wein, Essig, Öl, Whisky oder Cognac aus dem originalen, kleinen Holzfass, Creme de Cassis und Batida de Coco, alles literweise oder milliliterweise zu bekommen, in selbst mitgebrachte oder vor Ort erstandene Gebinde, je nachdem.

Die Kirchengasse queren und in ein Geschäft, das für den Spittelberg fast ein wenig zu schnittig und urban ist: Im Allegro Music & Wine Lounge (7., Siebensterngasse 32–34, 0664/135 68 08, www.allegro-hifi.at, Mo–Fr 14–19, Sa 10–13

Hi-Fi & gute Weine: Allegro

Uhr) kann man nämlich sowohl erstklassige und pure Hi-Fi-Altäre – etwa von Tivoli, Pro-Ject oder Goldmund – erwerben als auch an die vierzig Weine aus Österreich, Kalifornien, Australien und Italien, die allesamt in ihrer Purheit, Kraft und Souveränität ziemlich gut zu den Hi-Fi-Fetischen passen. Die Weinauswahl ist klein und beschränkt sich schlicht und ergreifend auf das Beste.

Ums Eck in die Sigmundsgasse, wo Josephine Kaci-Streller einen ebenfalls nicht gerade gewöhnlichen Laden führt: L'Epicerie (7., Sigmundsgasse 3, Tel. 01/524 40 25, Mo–Fr 14–19.30, Sa 12–19 Uhr). Auch hier kann man Wein erstehen, hauptsächlich schöne Sachen aus dem französischen Südwesten und dem Burgund, außerdem Pastis und Pernod Ricard in originalen Kleinflaschen, Fleur de Sel dafür in recht großen Dosen, Couscous, französischen Senf, Herbes de Provence, Marmeladen sowohl aus Frankreich als auch von österreichischen Mikro-Erzeugern, rares Olivenöl aus der Provence und, quasi als Krönung – französische Maronicreme in der Tube. Die Atmosphäre dieses Geschäftes – auch Düfte und Seifen kann man hier bekommen – hat mit den sterilen und pseudosüdfranzösischen Shoppingmeilen-Filialketten nichts zu tun, das hier ist echt, da stimmen auch das Kopfsteinpflaster und die enge Gasse.

L'Epicerie: direkt aus Frankreich

Die Sigmundsgasse weiter zur Burggasse, wo man noch einen der auch schon selten gewordenen Greißler antrifft. Feinkost Höller ist dabei für die Größe des Geschäftes verblüffend gut ausgestattet (7., Burggasse 6–8, Tel. 01/524 32 18, Mo–Fr

6.30–18.30, Sa 8–12 Uhr). Dann rechts in die Spittelberggasse, wo sich, umgeben von Lokalen, Ateliers und anderweitigen Spittelberg-Lebensformen, ein Urgestein dieser revitalisierten Zone befindet, nämlich Naturkost Spittelberg (7., Spittelberggasse 24, Tel. 01/523 61 92, Mo–Fr 9–18.30, Sa 9–16 Uhr). Richtig, ein Bioladen, und zwar einer, wie man ihn sich vorstellt: ein kleiner, niedriger Greißlerladen, der auf den ersten Blick alles bietet, wessen man im täglichen Leben bedarf – vom Müsliriegel über die Augenlidcreme bis zum Klopapier –, dessen Angebot sich bei genauerer Betrachtung allerdings als sehr speziell erweist: In Sachen Käse etwa ist man hier erstklassig unterwegs, Ricotta al Forno aus Italien, Basilikum-Gouda aus Holland, Bergkäse aus den Bergen, Frischkäse von Schaf und Ziege aus Österreich; Gemüse von den Biopionieren Adama-Hof aus dem Marchfeld, eine Rapunzel-Schokolade, die tatsächlich „Nirwana" heißt, und nicht zuletzt die unvergleichlichen Alströmer Biochips aus Schweden. Als ein „Allround-Sortiment" bezeichnet der sympathische Verkäufer das Spittelberg-Programm, rund genug jedenfalls, dass Stammkunden auch von weither anreisen, und das nicht nur zu Ostern, wenn es hier die einzigen handgemachten Biomarzipan-Ostereier der Stadt gibt.

Good old Greißler: Höller

Bioladen-Pionier am Spittelberg: Naturkost Spittelberg

Bienenkorb: Honig in allen Erscheinungsformen

Gleich ums Eck ebenfalls ein Geschäft, das es hier schon seit der „Gründung" des Spittelbergs vor etwa zwanzig Jahren gibt, die Imkerei Bienenkorb (7., Burggasse 11, Tel. 01/523 92 55, Mo–Fr 10–16 Uhr). Die Bienenkorb-Imker arbeiten aber nicht nur biologisch, sondern sogar nach anthroposophischen Parametern, das Ergebnis davon sind eine Vielzahl von Kosmetika auf Honig-, Gelée-royale- und Propolisbasis, Kerzen aus Bienenwachs, Pollen, Met, ein Honiglikör namens „Bärenfang", Gelée royale in Met, Gelée royale in Honig und natürlich eine bemerkenswerte Anzahl von Honigen unterschiedlicher Herkunft. Dass es in diesem kleinen, dunklen und sehr gut bestückten Geschäft ziemlich nach Honig und Wachs duftet, ist natürlich kein Wunder.

Mechitharine Kloster-Likör

Die Burggasse queren, entlang der Faßziehergasse durch den weniger populären, unteren Teil des Spittelbergs in die Neustiftgasse, wo man auf das Mechitaristenkloster stößt und somit auch auf die Verkaufsstelle des echten und wahrhaftigen Mechitharine-Kloster-Likörs (7., Neustiftgasse 19, Tel. 01/523 13 34, Mo–Fr 9–17 Uhr). „Nach geheimem Ordensrezept" und aus „besten Früchten, Kräutern, Wurzeln und Gewürzen" wird dieser in sechs Süß- bzw. Bitterstufen im Kloster gegenüber nach einer Rezeptur aus dem Jahre 1680 hergestellt, „edelsüß", „süß" („das Getränk der Dame"), „halbbitter" („von höchster Bekömmlichkeit"), „bitter", „edelbitter" und „Cordiale". Klosterenzian, einen Wodka namens „Troika", einen „Oghi"-Anisbranntwein und schließlich einen armenischen Brandy namens „Ararat" produzieren die Mönche ebenfalls, Flaschen- und Etikettendesign sind einmalig und zeitlos, der Verkaufsraum ebenso. Zweifellos eines der speziellsten Geschäfte dieser Stadt.

Mechitharine

Nun die Neustiftgasse bis zur Nummer 16, wo seit Mai 2000 ein Lokal namens ► Kristian's monastiri (7., Neustiftgasse 16, Tel. 01/ 526 94 48, www.kristians.at, tägl. 17.30– 2 Uhr) mit den unterschiedlichsten Konzepten den Erfolg sucht. Was es aber hat, ist ein traumhaft schöner Innenhof, der Teil des schönsten Durchhauses dieser Stadt ist, und mitten in diesem Durchgang befindet sich schließlich auch der besonderste Bäcker Wiens, um bei den Superlativen zu bleiben: der Vollkornbäcker Kornradl (7., Lerchenfelder Straße 13, Tel. 01/924 64 44, Di–Fr 6–12, 16–19, Sa 6–15 Uhr): Dieter Smolle war ursprünglich Filialleiter einer Supermarktkette in Kärnten, fing dann aber als Reaktion auf das, womit er da täglich konfrontiert war, mit biodynamischer Landwirtschaft an, schob immer auch ein Brot in den Ofen und hatte 1997 schließlich einen Brotstand am Adventmarkt am Karlsplatz. Nun, seine Ware war nach fünf Tagen ausverkauft, was ihn erstens dem Hotel Imperial nahe brachte, wo man Smolle nämlich Nachschub

Vollkornbäckerei Kornradl

backen ließ, und zweitens Wien, weil er sich dachte, dass sein Brot hier wohl ganz gut ankäme. An die vierzig Brote bäckt er mittlerweile pro Tag, beginnt zwischen ein und drei Uhr in der Früh, das Getreide (bio, eh klar) zu mahlen, rührt den Teig, bäckt das Brot. Dinkel, Weizen, Roggen und mit Kürbiskernen oder Sonnenblumenkernen, wobei man immer das Brot des Vortages bekommt. Die Kornradl-Bäckerei besteht nur aus einem Raum, was mit sich bringt, dass es hier sowohl sehr gut riecht als auch verdammt warm ist. Während des Verkaufsgespräches (Smolle hat nicht die einfachsten Kunden) knetet er einstweilen ein bisschen, erklärt alles, gibt Schätzungen preis, wie lange dieses oder jenes Brot noch brauchen wird. Dieter Smolles Brote sehen genauso aus wie aus einer biologischen Einmann-Vollkornbäckerei – und schmecken auch sehr gesund.

ROUTE 6
Rechts und links vom Donaukanal

Ausgangspunkt: Börse (U2, U4 Schottenring)
Endpunkt: Wiesingerstraße (U1, U4 Schwedenplatz, U3 Stubentor)
Die Route: Börsegasse (Alimentari Bologna, Franck) – Werdertorgasse (Pasta … e basta) – Gonzagagasse – Gölsdorfgasse (Unger und Klein) – Salzgries (Silenzio) – Marc-Aurel-Straße (Berioska) – Morzinplatz – Franz-Josefs-Kai – Salztorbrücke – Hollandstraße (Koscher Minimarkt) – Karmelitermarkt (Gumprecht, Feinkost Karin Höttinger) – Leopoldsgasse (Contor) – Große Sperlgasse – Kleine Sperlgasse (Kosherland) – Karmeliterplatz (Spezerei) – Lilienbrunngasse (Gesundes) – Gredlerstraße (Kalinka) – Marienbrücke – Griechengasse – Fleischmarkt (Alfred Richter) – Laurenzerberg (Möbel Licht Wein) – Postgasse – Auwinkel – Wiesingerstraße (Expedit Buffet Lager)

Das Textilviertel, das Karmeliterviertel und die Gegend rund um Hauptpost und Postsparkasse gelten nicht gerade als der Inbegriff der urbanen Infrastruktur. Billa hat diese Gegenden fest in der Hand, kleine Geschäfte gehen da eher ein, als dass sie aufsperren – und zwar sowohl diesseits als auch jenseits des Donaukanals. Wobei das auch schon die einzigen Gemeinsamkeiten dieser be-

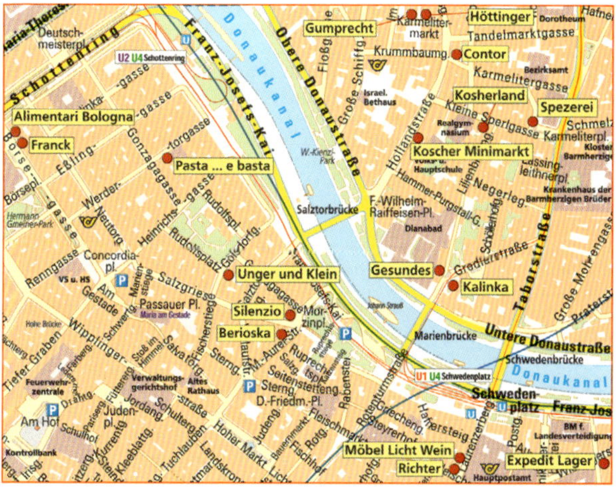

nachbarten Grätzel sind, denn das Textilviertel rund um den Rudolfsplatz ist hauptsächlich geprägt von Warenlagern aller Art sowie einer ansatzweise sich etablierenden Lokalszene, im Postviertel ist äußerst wenig Bewegung festzustellen, und das Karmeliterviertel löst die Erwartungen, ein dynamisches, urbanes Zentrum mit hoher Lebensqualität unweit der City zu werden, jetzt auch schon seit sehr vielen Jahren nicht so wirklich ein.
So schade das auch ist, so interessant, skurril und wunderbar sind die Läden, die es hier trotzdem immer noch gibt oder die hier trotzdem entstehen, die Spezialitäten feilbieten, die man nirgendwo sonst in Wien bekommt, und auch reich an obskurer Aura sind, die das Einkaufen hier zum exotischen Erlebnis macht.

Wir beginnen diese Tour, die in etwa in der Form des griechischen Omegazeichens angelegt ist und über eine ordentliche Strecke geht, bei der alten Börse am Schottenring. Diese Gegend erlangte in den letzten Jahren eine beachtliche Dichte an Lokalen, Cafés und Restaurants, bei den Geschäften tat sich – abgesehen vom großen ► Lederleitner im Souterrain der Börse (1., Schottenring 16, Tel. 01/532 06 77, www.lederleitner.at, Mo–Fr 10–20, Sa 9–17 Uhr) – jedoch leider wenig. Da ist man schon froh über solche kleinen Geschäfte wie das Alimentari Bologna (1., Börsegasse 14, Tel. 01/533 88 18, Mo–Fr 7.30–19, Sa 10.30–14 Uhr). Ein kleiner Laden, der im Wesentlichen aus einer Vitrine mit bis zu zwanzig italienischen Käsen, den wichtigsten Würsten und Schinken, ein paar in Öl eingelegten Gemüsen sowie einem Regal mit diversen *sughi*, Pasten und Säckchen mit getrockneten Pilzen besteht. Seine spezielle und sehr authentische Atmosphäre bezieht das Bologna aber aus der Tatsache, dass sich auf der anderen Straßenseite eine Avanti-Tankstelle befindet, was dem Verzehr oder Kauf eines Panino mit Mortadella natürlich ein ganz besonderes Flair verleiht.

Alimentari Bologna

Ein paar Schritte weiter besucht man dann sozusagen die andere Seite der Adria, das Franck (1., Börsegasse 12, Tel. 0664/

571 87 07, Mo–Sa 10–22, So 12–22 Uhr) versteht sich nämlich als Außenstelle der Kaffeerösterei Franck aus Zagreb, deren Produkt man hier ebenso erwerben oder vor Ort genießen kann wie diverse kroatische Weine der Sorten Graševina, Dingać und Zlahtina. Die Auswahl ist nicht gerade berauschend, die Stimmung in dem etwas düsteren und mit modernem Café-Design auch nicht annähernd in Berührung gekommenen Lokal dafür umso echter, und schließlich bekommt man hier auch noch den unvergleichlichen Karstschinken, *pršut*, so hart, so trocken, so intensiv.

Franck

Wir biegen ein in die Werdertorgasse, passieren ein paar bemerkenswerte Lokale wie zum Beispiel das ► EN (1., Werdertorgasse 8, Tel. 01/532 44 90, Mo–Sa 11.30–14.30, 17.30–22.30 Uhr), eine der besten Sushibars und Stätten Wiens, wo man die köstliche Alltagsküche Itzakaya bekommt; oder das ► Aera (1., Gonzagagasse 11, Tel. 01/533 53 14, So–Mi 10–1, Do–Sa 10–2 Uhr), ein Veranstaltungscafé, das in ein ehemaliges Textillager hineingebaut wurde, was man irgendwie auch noch sehen kann. Und kommen schließlich ins Pasta … e basta (1., Werdertorgasse 10, Tel. 01/796 65 42, www.pastaebasta.at, Mo–Fr 10–22, Sa 10–15 Uhr), wo der frühere Mörwald-Mann Michael Meixner ebenfalls ein Textillager umfunktionierte, und zwar zu einer Nudelfabrik, die mit einer Glasscheibe von einem hübschen Lokal und Verkaufsraum abgeschirmt ist. Um zu sehen, wie Ravioli & Co hergestellt werden, muss man zwar sehr früh aufstehen, aber auch der Einkauf bzw. der Verzehr vor Ort verschafft Befriedigung: 15 bis 16 Sorten sind immer vorrätig, der Preis, den Michael Meixner für seine Pasta verlangt, die er aus einem ganz speziell gemahlenen Mehl („dem gröbsten Mehl in

Pasta … e basta

Österreich") herstellt, beträgt etwa die Hälfte dessen für handelsübliche Ware. Zwei Speisen gibt es außerdem vor Ort, hergestellt in einer kleinen, sehr offenen Designerküche, gegessen wird an einem einzigen, großen Tisch, sehr italienisch das alles. Eine Vitrine hält außerdem noch jede Menge von Schinken, Würsten, Käsen und Antipasti der Topkategorie bereit, italienische Essige, Öle, Weine – darunter auch eine weiße und eine rote Hausabfüllung vom Gardasee – gibt es in Regalen, österreichischen Fruchtsaft, Grappa und die üblichen Alimentari-Verdächtigen ebenfalls. Zweifellos einer der entspanntesten und hedonistischsten Orte, an denen man seinen Einkauf erledigen kann.

Pasta ... e basta

Die Gonzagagasse entlang, vorbei am unverzichtbaren und wunderbaren Platten- und Streetware-Geschäft ▸ Black Market (1., Gonzagag. 9, Tel. 01/533 24 58, www.soulseduction.com, Mo–Fr 12–19, Sa 11–18 Uhr), einem sehr geeigneten Platz, um Tischmusik zu erwerben, über den Rudolfsplatz, an dessen Südostseite sich die Vinothek und Weinbar Unger und Klein (1., Gölsdorfgasse 2, Tel. 01/532 13 23, www.ungerundklein.at, Mo–Fr 14–24, Sa 17–24 Uhr) befindet. Hierbei handelt es sich – das bestätigten auch schon Wettbewerbe und Auszeichnungen – um die schönste Vinothek Wiens, von Eichinger oder Knechtl in ein – wie könnte es anders sein – ehemaliges Textillager eingepasst, wobei die spezielle

Unger und Klein

Atmosphäre eines Kontors und Warenlagers aber wunderbar ins Design eingefügt wurde. Zu kaufen bekommt man hier das Beste aus Österreich sowie Topweine aus Italien, Frankreich und Spanien, ein kleines bisschen Übersee und ein umfangreiches Sortiment an Alimentari, insgesamt über 1200 Positionen. Aber nicht allein das hervorragende Sortiment und das eindrucksvolle Design sind es, die das Unger und Klein zum besonderen Ort machen, es sind das vor allem und natürlich die Menschen, die ein Sensorium für solche Stimmungen haben und sich deshalb mitunter recht zahlreich hier einfinden. Der Platz an dem großen, zentralen Tisch oder an den kleinen Tischchen oder an dem ganz großen Tisch im hinteren Lagerraum wird dann oft eher knapp, was aber egal ist, weil dann steht man eben. Ja, Architekten, Werber und elegante Kreativmenschen kommen schon recht viele hierher, aber davon muss man sich nicht abschrecken lassen, für exaltierte Selbstdarstellung ist die Kulisse hier einfach zu schön und zu stark.

Silenzio

Wir lösen uns von dem Platz und folgen der Gonzagagasse, an deren Ende das Geschäft Silenzio (1., Salzgries 2, Tel. 01/535 67 50, www.silenzio.at, Mo–Fr 10–18, Do 10–19, Sa 10–17 Uhr) wohnt. Hier bekommt man alles, was zur gepflegten Szeneküche in der Terrassenwohnung oder dem Landhaus in den Hamptons so dazugehört, vom schönsten Mistkübel der Welt bis zu gestylten Senflöffeln oder Kartoffelmessern. Schönes Geschirr, unter anderem von Iittala, ist ebenso vorrätig wie die etwas anderen Tischuntersetzer, die etwas anderen Tischkerzen und überhaupt Dinge, die etwas anders und etwas besser sind.

Nun kurz nach rechts in die Marc-Aurel-Straße, in der seit dem Schließen des legendären Café Salzgries kulinarische Trauer herrscht, was sich allerdings nicht auf das absolut kuriose Warenspektrum des Geschäftes Berioska (1., Marc-Aurel-Straße 9, Tel. 01/712 40 95, Mo–Fr 10–19, Sa 10–17 Uhr) auswirkt. In diesem russischen Spezialitätengeschäft findet man nicht nur den geräucherten Lachs, wie wir ihn kennen, sondern auch die

Russische Delikatessen im Berioska

geräucherte Brachse, jede Menge getrockneten Fisch sowie solchen in Dosen – und da dann solch außergewöhnliche Exemplare wie Dorschleber im eigenen Saft. Ebenfalls erstaunlich, wie viele verschiedene Varianten von eingelegten sauren Gurken und Roten Rüben es geben kann – Hunderte nämlich –, und dass es sicher wenige Menschen diesseits des Urals gibt, die schon alle Wodkas probiert haben, die hier in den Regalen stehen. Alles hier ist jedenfalls authentisch russisch, auch die Umgangssprache und die eher als nüchtern zu bezeichnende Atmosphäre im Laden.

Koscher Minimarkt

Nun aber über den Kanal: die Marc-Aurel-Straße hinunter, links dem Kai bis zur Salztorbrücke folgen, über diese drüber und dann die Hollandstraße entlang. Dass man hier im jüdischen Viertel Wiens ist, bemerkt man nicht auf den ersten Blick, aber schon bald trifft man etwa auf den Koscher Minimarkt (2., Hollandstraße 10, Mo–Do 8–18, Fr 8–14 Uhr), der allerlei Snacks, Softdrinks, Kekserln, koscheren Wein aus dem Burgenland, Eis und garantiert hygienisches Plastikbesteck verkauft. Wir folgen der Hollandstraße bis zum Karmelitermarkt, der eigentlich der älteste noch existente Markt Wiens ist, wie lange er allerdings noch von Bestand sein wird, ist schwer zu sagen, denn ein besonders vitales Bild gibt dieser kleine Markt auf dem großen Platz nicht mehr ab. Am meisten tut sich bei den Branntweinern, Würstelstandeln und beim gut besuchten Kebab-König, sonst herrscht eher die Melancholie. Aber es gibt schon ein paar gute Standeln auch, einen recht ordentlich sortierten Fischstand, zum Beispiel, oder eine Filiale des Pferdefleischhauers Gumprecht (2., Karmelitermarkt, Stand 41, Tel. 01/212 47 57, www.pferdefleisch.at, Mo, Di, Do, Fr 7–18, Mi, Sa 7–13 Uhr), der hier irgendwie exzellent herpasst: Bunte Tafeln zeigen uns naturgetreu, wie der magere Ardenner Schinken, der Pferdeleberkäse, Pastrami, luftgetrockneter Räucherschinken, Fohlenmaisen und so weiter aussehen, drinnen gibt's dann noch weit mehr, die klassische Dürre natürlich, unverzichtbar für jedes wahrhaftige Erdäpfelgulasch, Pferdegulasch und Rahmschnitzel in der Dose, diverse Bratwürste in der Pferdevariante und seit neuestem auch das scharfe Höllenstangerl für zwischendurch. Und wer einmal den hauchdünn geschnittenen luftgetrockneten Pferdeschinken mit gutem Olivenöl probiert, wird sein Geschmacksspektrum eventuell erweitern.

Im Feinkostgeschäft von Karin Höttinger (2., Karmelitermarkt, Stand 44, Tel. 01/212 95 24, Mo, Di, Do 5.30–12.30, 15–18, Mi, Sa 5.30–12.30, Fr 15–18 Uhr) wiederum spezialisierte man sich in den letzten Jahren auf Delikatessen auf einem erstaunlich hohen Niveau – vor allem, was Schaf- und Ziegenkäse anbelangt, ist man hier außerordentlich gut bestückt, „manche davon finden Sie nicht einmal beim Meinl", meint die Dame hinter der Theke stolz, und „man muss sich ja schließlich vom Billa unterscheiden". Was neben dem Käse etwa auch mit französischen *rillettes* (Fleischpasteten im Glas), erstklassigem Trüffelöl oder Trüffelhonig zweifellos gelingt.

Feinkostgeschäft Karin Höttinger

Direkt am Karmelitermarkt bauten die drei Kollegen vom damals noch Bayou, mittlerweile ► Blue Plate – American Homecooking (2., Leopoldsgasse 51, Tel. 01/214 77 52, Mo–Sa 18–24 Uhr) genannten, besten amerikanischen Lokal der Stadt 2001 ein Schwesterlokal, das sich mehr der mediterranen Wein- und Antipasti-Kultur widmen wollte: das Contor (2., Leopoldsgasse 51, Tel. 01/219 63 16, www.contor.co.at, Mo–Do 17–1, Fr 17–2, Sa 10–2 Uhr). Margot Fischer, die außerdem noch als Ernährungsberaterin arbeitet, tat sich zu diesem Zweck mit dem Nebenerwerbsimporteur und Spanienfreak Michael Schmid zusammen, dessen Verbindungsleute in Madrid nun für Lieferungen von wunderbaren Dingen sorgen wie Spargel- oder Lauchcreme, eingelegten Artischocken, eingelegten Borretschstängeln, original aus Lodosa stammenden und über offenem Feuer gerösteten Pimientos de Piquillo und einem Schinken vom eichelgefütterten, schwarzfüßigen Iberico-schwein. Ebenfalls hier erhältlich sind Gewürzmischungen für die kreolische Küche, wie sie nebenan im Bayou zubereitet wurde und im Blue Plate auch noch teilweise zubereitet wird, sowie feine Öle aus Italien und feine Essige vom Gölles.

Spanisches und Scharfes: Contor

Alles koscher im Kosherland

Wir verlassen den Markt, folgen der Großen und biegen nach links in die Kleine Sperlgasse ein, wo der koschere Supermarkt

Kosherland (2., Kleine Sperlgasse 6, Tel. 01/219 68 86, www.kosherland.at, Mo–Do 7.30–19, Fr 7.30–14 Uhr) residiert, in dem man alles nur Denkbare in koscherer Ausführung erwerben kann, von Dosengemüse über Sojaprodukte, Getränke bis hin zu einer wirklich beeindruckenden Menge von Süßigkeiten und Snacks.

Wein und noch mehr: Spezerei

Schräg gegenüber liegt der malerische Karmeliterplatz, der freilich das Zeug zum kommunikativen Zentrum des Karmeliterviertels hätte, nur wurde diese Chance während der letzten Jahre leider kaum genützt. Was sich jetzt aber ändern könnte, denn im Sommer 2004 eröffneten zwei Quereinsteiger, denen gutes Essen und Trinken sehr am Herzen liegt, eine Vinothek mit Feinkosthandel und Weinbar, die diesem mediterran anmutenden Platz durchaus gerecht werden könnte: In der Spezerei (2., Karmeliterplatz 2, Tel. 01/218 47 18, www.spezerei.at, Mo–Sa 11.30–22 Uhr) bekommt man 350 Weine aus aller Welt, bekannte und Geheimtipps (auch der Wiener Wein ist stark vertreten!), Schinken und Käse erster Güte aus Italien und Spanien, erstklassige Alimentari (Balsamico aus Klosterneuburg, spanische Muschelkonserven, italienische Rucolacreme, Olivenöl aus Australien, Nussöle aus dem Mühlviertel etc.) und angenehmerweise das meiste davon auch zu kosten.

Gesundes im Gesundes

Zurück in die Lilienbrunngasse. Wir folgen ihr bis fast zum Donaukanal und finden dort das kleine, versteckte, aber umso hübschere Geschäftslokal Gesundes (2., Lilienbrunngasse 3, Tel. 01/219 53 22, Mo–Sa 9–15 Uhr). Alexandra Adler beschäftigte sich nach langer Karriere in der Szenegastronomie mit Ernährungswissenschaft und der chinesischen Lehre der fünf Elemente, erkannte dann, dass das in ihrem bisherigen Lokal schwer durchzusetzen sein würde, und eröffnete 2002 das Gesundes: ein Drittel vegetarischer Bioladen mit Designappeal und mit hübschen Gemüsesteigen am Boden, ein Drittel offene Küche, in der täglich ein 5-Elemente-Menü gekocht wird, ein Drittel Lokal, genauer gesagt, drei Tische. An denen darf man nicht rauchen, und Kaffee und Alkohol gibt's auch nicht, aber das macht irgendwie nur wenig, die Produkte (vor allem die Käse und die selbst gemachten Orangenchutneys) überzeugen voll.

Weiter in die Gredlerstraße, wo mit dem Kalinka (2., Gredlerstraße 4, Tel. 01/946 79 22, Mo–Fr 10–13, 14–19, Sa 10–17 Uhr) ein weiteres Geschäft mit russischen Spezialitäten aufwartet, auch hier der geräucherte Lachs, der mannigfaltig getrocknete Fisch, russische Konservenspezialitäten, vielerlei eingelegte Pilze, Gurkensuppe und sogar eingelegter Sauerampfer. Die Gläser sind übrigens alle deutsch beschriftet, was die Hemmschwelle klarerweise herabsetzt, obwohl es ohnehin der russischen Einmachphilosophie zu entsprechen scheint, dass man schon von außen deutlich sieht, was einen im Glas erwartet. Russische Videos, CDs und Souvenirs jeglichen Geschmacks kann man in diesem kuriosen Geschäft übrigens auch bekommen.

Russisch kaufen im Kalinka

Zurück in die Lilienbrunngasse und über die Marienbrücke wieder über den Donaukanal, den Schwedenplatz passieren und die Treppe zur alten, engen Griechengasse nehmen, hindurch und am Fleischmarkt links. Einen besseren Standort hätte sich der Fleischhauermeister Alfred Richter (1., Laurenzerberg 1/ Ecke Fleischmarkt 17, Tel. 01/533 12 10, Mo–Fr 8–18.45, Sa 9–13 Uhr) natürlich nicht aussuchen können, aber das ist es nicht allein: Die großzügig dimensionierte Fleischhauerei im gnadenlosen 1970er-Design ist nämlich spezialisiert darauf, magere und halbfette Stücke von Rind und Schwein speziell auszulösen und so fein zu putzen und hauchdünn zuzuschneiden, dass man sie für das japanische Gericht Shabushabu verwenden kann (Fondue in Dashi-Suppe). Sogar aus Ungarn kämen Japaner hier auf den Fleischmarkt, erfährt man, und wenn sie nach Hongkong flögen, würden sich auch viele das hauchdünn geschnittene Rind aus Österreich mitnehmen. Weniger exotisch, aber umso geheimnisumrankter sind übrigens die von Meister Alfred Richter selbst gefüllten Bratwürste sowie die Weißwürste, deren Quelle er nicht preisgibt.

Shabushabu bei Alfred Richter

Gleich ums Eck findet man schließlich ein kleines Geschäft, in dem bisher nur skandinavische Möbelklassiker aus der Privatsammlung eines dänischen Architekten veräußert wurden, das jetzt aber Simon Kirkegaard, ein anderer Möbelhändler aus Dänemark, übernommen hat. Er weitete das Programm etwas aus und gab dem Geschäft den entsprechenden Namen: Möbel Licht Wein (1., Laurenzerberg 1, Tel. 0699/12 36 72 86, Di–Fr 11–18, Sa 11–14 Uhr) nämlich, denn in der Gegenwart wunderschönen Mobiliars gibt es hier jetzt auch Getränke von Loimer, Velich, Wieninger und Pittnauer aus Österreich sowie immerhin auch Wein aus Dänemark, Nordlund, aus einem drei Hektar großen Weingarten südlich von Kopenhagen, weltweit eine absolute Rarität.

Möbel Licht Wein

Wieder Fleischmarkt, wir umrunden die Hauptpost auf der linken Seite über Postgasse, Auwinkel und Dominikanerbastei, biegen in die Wiesingerstraße ein. Hier, Ecke Biberstraße, starteten fünf Freunde und Ligurien-Enthusiasten im Jahr 2001 eines der spannendsten italokulinarischen Projekte der Stadt: Ein altes Textillager (das hatten wir auf dieser Tour jetzt schon ein paar Mal ...) wurde in ein ursprünglich als Vertriebsstelle für importierte Frischpasta aus Ligurien angedachtes Geschäfts- und Esslokal umgebaut und ► Expedit genannt (1., Wiesingerstraße 6/Ecke Biberstraße, Tel. 01/512 33 13-0, www.expedit.net, Mo–Fr 12–24, Sa 18–24 Uhr). Ein paar Tische neben den Regalen, an denen man die Nudeln auch zubereitet bekommen kann, waren vorgesehen, der Zuspruch übertraf allerdings alle Erwartungen, mit dem Effekt, dass das Expedit heute kein Geschäft mehr ist, als Lokal dafür aber jeden Tag voll. Weshalb die fünf Freunde bald darangingen, die Räume daneben in eine, ebenfalls ganz nach ligurischem Vorbild gehaltene, Focacceria mit Spezialisierung auf das saftige Hefebrot mit Olivenöl und Belag umzubauen, welcher der Erfolg jedoch eher verwehrt blieb. Egal, 2003 wurde daraus dann eben quasi ein Extraraum des Expedit, in die Vitrine, in der vorher die Focaccie lagen, kamen tolle Würste, Käse, Antipasti, man machte also aus der Focacceria ein Geschäft namens Expedit Buffet Lager (1., Wiesingerstraße 6, Tel. 01/512 33 13-20, www.expedit.net, Mo–Fr 10–24, Sa 18–24 Uhr), in dem mittlerweile immer mehr Regale Tischen weichen müssen. Wirklich erstklassig sortiert ist man hier beim Käse, und da vor allem bei Pecorino und Castelmagno. Es gibt außerdem wunderschönen Lardo (Retus Wetter: „Der geht im Sommer eher weniger") und Pancetta, dann – äußerst schwer bei uns zu bekommen – Bottarga, also gepressten Rogen, von der Meeräsche, Salami, Thunfisch aus Ligurien, die Produkte der einzigen nennenswerten ligurischen Pastafabrik („aber viele mögen's nicht, weil sie nicht wissen, wie sie die behandeln müssen"), zwei Olivenöle der Sorte Taggiasca, eins von schwarzen Oliven, *sughi* und Gemüsepasten, alles aus Ligurien, alles wunderbar. Original italienisches Waschmittel und Klopapier bekommt man hier übrigens auch, die Musik ist cool, und man kann während des Einkaufs ein schönes Glas Wein trinken. Und weil's dann vielleicht eh schon zu spät zum Nachhausegehen ist, bleibt man womöglich da.

Expedit Buffet Lager

Der innere Naschmarkt

Ausgangspunkt: Getreidemarkt/Linke Wienzeile (U1, U2, U4 Karlsplatz)
Endpunkt: Schleifmühlgasse (U1, U2, U4 Karlsplatz)
Die Route: Getreidemarkt (Wein & Co) – Linke Wienzeile/Naschmarkt (Nordsee, Hella Gruber, Umar, Martina Himmelsbach, Edith Jarosch, Kräuterhaus, Urbanek, Herta Gruber, bloom, Gegenbauer, Feinkost Pöhl, Käseland, Piccini, Obsteck, Zum Gockelhahn, Ding Haw, Kaspien Markt, Leo Strmiska, Kravitz, Kim, Özer)

Der Naschmarkt ist schon seit ein paar Jahren die heißeste Meile Wiens, wenn es darum geht, beste und frischeste Lebensmittel bei gleichzeitig größter Kauferotik, enorm hohem Bobo-(Bourgeois-Bohemien-)Faktor und der entspanntesten Lokalszene der Stadt zu erleben. Und das ist umso erfreulicher, als dieses attraktive Gesamtpaket eine Menge neues Publikum anzieht – und dieses wiederum die Standler dazu bewegt, ihr Angebot zu verbessern und zu differenzieren. Was uns insgesamt zum durchaus erfreulichen Ergebnis führt, dass der Naschmarkt nicht nur lustiger und spannender ist denn je, sondern auch besser.

Klar, der Naschmarkt ist nicht die Boqueria in Barcelona, die dürfte wohl unerreicht sein, und Trüffeln werden auch nicht so viel verkauft wie am Münchner Viktualienmarkt, und in Sachen Fisch kann der Naschmarkt einem Vergleich mit Tokios Tsukiji natürlich auch nicht nur ein bisschen das Wasser reichen. Aber er hat was, trotzdem, weil es da ein paar wirklich gute Leute gibt, die ein paar wirklich tolle Geschäfte und Stände haben, bei denen man ein paar wirklich tolle Sachen kaufen kann.

Wo der Naschmarkt beginnt, ist Ansichts- und Einstellungssache, Kettenbrückengasse oder Getreidemarkt, je nachdem, ob man sich lebensstilmäßig eher dem Flohmarkt oder der Innenstadt zugehörig fühlt. Wir fangen trotzdem am Getreidemarkt an, und zwar bei Wein & Co (6., Linke Wienzeile 2/ Getreidemarkt 1, Tel. 01/ 585 72 57, www.weinco.at, Mo–Fr 10–24, Sa 9–24, So 11–24 Uhr), der hier 2001 in einer ehemaligen (und heute hier unvorstellbaren) Kaindl-Elektromarkt-Filiale nicht nur sein erstes Outlet mit Bar und Gastronomiebereich eröffnete, sondern irgendwie auch die Veränderung des Naschmarktes einläutete. Die Filiale am Naschmarkt ist großzügig, die Weine sind nach ihrer Herkunft einigermaßen übersichtlich geordnet, Neue Welt hat einen sehr prominenten Platz, Schaumwein und Champagner stehen gekühlt, die teuren Edel-Geräte kann man durch eine Glasscheibe bewundern, die auf Anfrage entfernt wird. Aber dass es hier Wein gibt, darf ohnehin als bekannt vorausgesetzt werden, Wein & Co hat aber auch sonst noch so einiges: Pasta von billig bis sehr teuer, Risottoreis, Senf von Fallot, Trumer Bier, eine Reihe von eingelegten Gemüsen von Stekovics und von Fink, diverse *sughi*, 15 Olivenöle (eins davon sogar aus Australien) und mindestens ebenso viele Essige, Trüffelcremen. Ebenfalls zahlreich hier: Weinliteratur in allen Preislagen und Schwie-

Wein & Co

rigkeitsgraden, Gläser von Riedel und aus der eigenen, von Wilhelm Holzbauer entworfenen Serie „Solution".

Wir überqueren die Linke Wienzeile und sind jetzt also am wirklichen Markt. Der besteht in seinem vorderen Teil aus zwei „Gassen", einer „Kaufgasse" nämlich, mit zahlreichen Ständen, sowie aus einer „Fressgasse", mit Gastronomie aus den unterschiedlichsten Richtungen. Beiden Kategorien gehört der erste Stand am Markt an, die Nordsee (4., Naschmarkt, Stand 1–5, Tel. 01/586 14 20, www.nordsee.at, Mo–Fr 8–18.30, Sa 8–15.30 Uhr), die hier Fisch „von allen Weltmeeren" und vor allem auch in unterschiedlichen Verarbeitungsstadien veräußert: frisch und roh, filetiert und zugeschnitten, zu Spießen angeordnet, zu Salat gemacht (an die zehn Fisch- und Meeresfrüchtesalate sind zu bekommen) und dann natürlich noch zubereitet, denn Nordsee ist am Naschmarkt nicht nur Fischstand, sondern auch Austernbar, ein Fischgrill mit Strandkörben und schließlich die herkömmliche Panierstation.

Zwei Schritte weiter geht es fischmäßig dann ziemlich zur Sache: Am Stand von Hella Gruber (4., Stand 31–36, Tel. 01/586 23 24, Di 10–18, Mi, Do 9–18, Fr 8–18, Sa 8–17 Uhr) wird Fisch schon seit 1876 verkauft, die Breite des Angebotes ist enorm, vom frischen Silver Pomfret bis zum trockenen Stockfisch bekommt man hier so ziemlich alles, was im Wasser lebt. Auch tiefgekühlt ist sehr viel zu haben, Karpfenrogensuppe zum Beispiel, Langustensuppe, unterschiedlichste Muscheln und Surimi-Varianten, an die 200 verschiedene Posten hätte er auf Eis, erklärt der junge Herr Gruber. Für das größte Aufsehen sorgen aber natürlich die zu jeder Jahreszeit in einem Becken vor dem Stand lebendig angebotenen Karpfen – eher für Schaulustige denn für Gourmets von Relevanz.

Nordsee

Hella Gruber: lebendige und andere Fische

Erkan und Gökhan Umar (4., Stand 38–39, Tel. 01/585 21 77, Mo–Fr 9–18, Sa 9–17 Uhr) von gegenüber haben keine so große Auswahl wie Gruber, dafür geben sich die beiden Quereinsteiger – der eine war früher einmal Rechnungsprüfer, der andere Tourismusmanager – größte Mühe, immer die beste Ware zu bekommen. Und das heißt, dass ihre Gold- und Zahnbrassen, ihr Branzino, ihr Knurrhahn und ihre Rotbarben zum größten Teil aus Wildfang – etwa aus dem französischen Atlantik – stammen, insgesamt fünf Lieferungen pro Woche garantieren darüber hinaus eine Frische, wie sie im Binnenland Österreich auch eher selten ist. Sein früherer Beruf hätte es mit sich gebracht, dass er sehr genau sei, meint der in wenigen Jahren zum absoluten Liebling der Naschmarkt-Community gewordene Erkan Umar, und wenn er keine schöne Ware hätte, könnte er nur im hintersten Winkel seines Geschäftes stehen und traurig schauen. Tatsächlich strahlt Erkan Umar eigentlich immer, seine Garnelen aus Senegal sind in Wiens Topgastronomie gesuchte Ware, seine Tintenfische sind zart und frisch, verkaufen sich daher schnell, sind daher zart und frisch. Brassen und Wolfsbarsche wird man kaum besser (und größer) finden können, die Sardinen sind nicht nur hervorragend, sie werden auch Stück für Stück ausgenommen und küchenfertig hergerichtet, der St. Petersfisch ist einmalig. Mit einer fixen Vorstellung vom zu erstehenden Fisch sollte man übrigens nicht zu Umar gehen, sondern

Umars frische Fische

das kaufen, was er einem empfiehlt. Und bezüglich der Rezepturen sollte man sicherheitshalber noch ein paar andere Quellen haben als die Umar-Brüder – „ein bisschen Olivenöl in die Pfanne und braten" ist nämlich ihre Lösung für so ziemlich jedes fischmäßige Problem – womit sie eigentlich eh recht haben.

Im Jänner 2004 übernahmen die Umars dann auch noch ein ► Lokal (4., Stand 76–79, Tel. 01/587 04 56, Mo–Sa 10–24 Uhr) gleich neben ihrem Fischstand, widerstanden der Versuchung, ein Designerfischlokal draus zu machen, sondern hielten sich eher an die Vorbilder vom Bosporus – auch die Qualität ist durchaus vergleichbar, man kann hier Fisch essen wie sonst nur im Strandurlaub, unter anderem ein Mittagsmenü um sieben bis zehn Euro, auch dann so billig, wenn etwa Steinbutt vorkommt.

Martina Himmelsbach

Gleich anschließend an die Fischabteilung befinden sich zwei der traditionellsten und auch besten Obst- und Gemüsestände des Marktes, nämlich Martina Himmelsbach (4., Stand 40–45, Tel. 01/581 45 65, Di–Fr 6.30–19, Sa 6–16 Uhr) und Edith Jarosch (4., Stand 28–30, Tel. 01/581 45 58, Mo–Fr 6.30–18.30, Sa 6.30–15 Uhr). Seit 1951 sei sie da jetzt am Markt, erzählt Frau Himmelsbach, und früher sei das alles noch ganz anders gewesen, da hätten die Leute am Nachhauseweg nämlich vorbeigeschaut und etwas fürs Nachtmahl mitgenommen. Heute, da auf der Zweierlinie keine Straßenbahnen mehr fahren und da sowieso niemand mehr koche, „bringst nur mehr das Schönste an". Das haben ihre Tochter und sie aber auch, nirgendwo ist Gemüse schöner geputzt als hier, kein welkes Blatt, Salate voll Kraft, frische Kräuter, die besten Artischocken des Marktes, und überhaupt wirkt jedes Stück hier drapiert und präsentiert wie in einer Bonbonniere. Seltenheiten

Kräuterhaus – scharf, schärfer, am schärfsten

wie roten Mangold oder den raren und teuren Radicchio trevisano findet man, wenn, nur hier. Bei Frau Jarosch schaut's genauso aus, unheimlich schön und ordentlich liegt da alles, fast hat man Hemmungen zuzugreifen.
Die nächste Station ist das Kräuterhaus von Ahmad Maan (4., Stand 24–27, Tel. 01/585 36 68, Mo–Fr 9–18, Sa 9–17 Uhr), wo man sich nicht nur mit Gewürzen eindecken kann – Herr Maan füllt 230 verschiedene davon in seine kleinen, mittelgroßen oder großen Plastikbecherln, es gibt Kalmus, langen Pfeffer und sonst noch so ziemlich alles –, sondern auch über ihre Verwendung und ihre gesundheitlichen Wirkungen einiges erfährt. Und weil die Gewürze auch frisch gemahlen werden, kann das dann insgesamt schon alles ein bisschen dauern. Besonders originell: Weil die neue Generation von Freizeitköchen und Jamie-Oliver-Adepten ja keine Ahnung hat, stellte er Gewürzsets zusammen, etwa „Kochen Sie Curry mit Jamie Oliver", die entsprechenden Oliver-Mörser gibt's hier natürlich auch, und zur Inspiration liegen ein paar Bücher des großen Engländers herum.
Gegenüber vom Kräuterhaus ist dann das Paradies. Zumindest, wenn man Schinken, Wurst, Käse, ein Glas Wein und den unvergleichlichen Humor von Gerhard Urbanek (4., Stand 46, Tel. 01/587 20 80, Mo–Do 9–18.30, Fr 8–18.30, Sa 7.30–16 Uhr) schätzt. Urbaneks Bruder gründete den winzigen Delikatessenladen 1960, und da hat er immer schon ausgeholfen. Heute helfen ihm seine beiden Söhne, nicht zuletzt deshalb, weil Gerhard Urbanek vielleicht gerade ein Gedicht rezitieren muss – 200 kennt er auswendig, größtenteils Goethe und Schiller, „so mach ich meinen Geist sauber" – oder einen bemerkenswert schmutzigen Witz zu erzählen weiß (meist sind die Protagonisten einigermaßen stadtbekannt). Zu jedem seiner etwa

300 Schinken, Würste und Käse – alles ist Extraklasse, die Käse sind „französisch" reif, die Fleischwaren von langjährigen Lieferanten (Schweinsbraten oder die legendäre Beskidenwurst von Fuchs aus Kitzbühel) – kann er eine Geschichte erzählen, das selbst und täglich frisch gebratene Roastbeef, als das „beste der Stadt" angekündigt, ist es auch, man kann sich vor Ort und bei einem Glas Wein davon überzeugen. Die Faszination des Urbanek-Standls erschließt sich einem nicht sofort – zuerst sieht man nur Gedränge, einerseits das der Menschen, die fast alle nicht wirklich was kaufen, dafür umso mehr trinken und Schmäh führen, andererseits das der Waren. Mit der Zeit bekommt man aber einen Sinn für die Urbanek'sche Performance, versteht, dass man hier nicht nur Kunde, sondern auch Publikum ist bzw. in gewisser Hinsicht natürlich auch Darsteller. Was nicht darüber hinwegtäuschen soll, dass man hier zwar nicht billig, aber dafür erstklassig einkaufen kann: Von Falorni in Greve im Chianti, heute bei italophilen Salamifreunden in aller Welt bekannt, war er der erste Auslandskunde, Tichys Hartwürste fanden hier ihre erste Bühne, getrüffelte Mortadella und ähnlichen Wahnwitz bekam und bekommt man zuallererst hier, und wenn im Herbst die weißen Trüffeln kommen, ist sowieso der Bär los.

Ein Phänomen namens Urbanek

Am Durchgang mit der Uhr und mit dem schönsten ► Würstelstand Wiens, dem früheren Ehrenreich, jetzt Horvath (4., Stand 67–68) vorbei findet man den Rindfleischspezialisten des Marktes: Die Steaks und Fleischtrümmer bei Herta Gruber (4., Stand 47, Tel. 01/581 43 13, Mo–Fr 10–18, Sa 10–16 Uhr) schauen nicht nur größer und besser aus als gewohnt, sie sind es auch, da erstens von Fleischrassenrindern und zweitens bevorzugt von Ochsen stammend – die Ursprungstiere des aktuellen An-

Herta Gruber, Fleisch von großen Ochsen

gebotes sind übrigens auf Fotos verewigt, die auf der Vitrine angebracht sind.

Ein paar Stände weiter – alle in ihrer Art bemerkenswert und gut – errichtete der bekannte Florist und Gartengestalter Lederleitner einen modernen Stand, das bloom (4., Stand 100, Tel. 01/585 40 37, Mo–Fr 9–19, Sa 8–17 Uhr), der nächste Fixpunkt sind aber der Essig- und der Ölstand von Wiens Essigguru Erwin Gegenbauer (4., Stand 111–114, Tel. 01/604 10 88, www.gegenbauer.at, Mo–Fr 9–18, Sa 8–17 Uhr). Sechzig Essige der höchsten Güte hat er hier in Glasballons und in kleinen Fässchen (dienen nur der Abfüllung, gereift wird in anderen): Quitte, Brombeere, Puntigamer Bier, Trockenbeerenauslesen, Gurken, Paprika, Tomaten, Marillen, Melonen, Spargel – alles machte der Charismatiker schon zur sauren Essenz. Ebenfalls hier erhältlich sind Trinkessige sowie sortenreine Apfel- und Traubensäfte. Nach bewunderswerten Sauergemüse-Experimenten wie Paprika im Paprikaessig oder Gurke im Gurkenessig probierten Erwin Gegenbauer und Lebensgefährtin Daniela Bammer nun, Paprika und Pfefferoni uralter Sorten und mit so schönen Namen wie „Ziegenhorn Bella" oder „Versena süß" einzulegen, von manchen gab es gar nur zwei Gläser. Im kleineren Ölstand gegenüber werden vierzig Öle angeboten, allein 15 aus der Olive, wobei Gegenbauer sich in Zukunft verstärkt um Alternativen kümmern will. Reinsortige Traubenkernöle führt er schon jetzt,

Gegenbauer

Pflaumenkernöl, Mohnöle, Sesamöle, Kürbiskernöle, Erdnuss- und Walnussöle, sogar ein marokkanisches Arganöl. So ziemlich alles kann man kosten, was es hier allerdings nicht gibt, sind Trüffel- und sonst wie aromatisierte Öle – „nur der pure Kern", lautet die Devise.

Feinkost Pöhl

Sozusagen am Hauptplatz des unteren Naschmarktes steht prominent der Stand von Feinkost Pöhl (4., Stand 167–168, Tel. 01/586 04 04, Mo–Fr 9–18.30, Sa 7–15 Uhr), bei dem man so ziemlich alles kaufen kann, was man fürs feine Leben braucht. Ursprünglich Partycaterer, hat sich Pöhl zum absolut souveränen Feinkostspezialisten entwickelt, erstklassig vor allem bei ausgefallenen und exquisiten französischen Käsen (Emmentaler aus Savoyen oder ein in einem aufgelassenen Eisenbahntunnel gereifter Käse) und piemontesischen Rohmilch-Exemplaren; Weine, Fruchtsäfte, Öle, Kaffee, alles vom Feinsten, ein Jamón Iberico wird per Hand abgeschnitten, das Brot stammt vom unvergleichlichen Grimm, Würste und Speck von überall dort, wo man versteht, sie erstklassig herzustellen. Salate, frische Pasta, Mozzarella – und der Vorteil beim Pöhl: Man kann mit Bankomat zahlen!

Schräg gegenüber ein weiterer Naschmarkt-Meilenstein: Das Käseland (4., Stand 172, Tel. 01/587 29 58, Mo–Fr 9–19, Sa

Käseland: Käse, in die Tiefe gehend

8–17 Uhr) gibt es seit 35 Jahren, früher einmal führte es neben Käse auch noch andere Spezialitäten, erst mit der Übernahme durch den jetzigen Besitzer Reinhold Albert im Jahr 1988 begann man sich zu spezialisieren. Je nach Jahreszeit zwischen 150 und 180 Käse sind in dem unglaublich duftenden Geschäft zu erwerben, eine der Stärken des Käselandes sind ohne Zweifel holländische Hartkäse sowie Schaf- und Ziegenkäse, ein dreijähriger Ziegenkäse aus Delft etwa, unglaublich gut, duftet nach Karamell, Konsistenz wie Schiefer; auch stark ist man bei französischen Weichkäsen und bei spanischen Varietäten, konkret Manchego.

Piccini

Nun wieder kurz über die Linke Wienzeile zu Piccini (6., Linke Wienzeile 4, Tel. 01/ 587 52 54, www.piccini.at, Mo–Do 9–18.30, Fr 8.30–18.30, Sa 8.30–14 Uhr), einem der traditionellsten und etabliertesten Feinkostgeschäfte in Wien überhaupt. Seit 1856 existiert der Feinkostimport schon, wie man auch am Logo stolz verkündet, ursprünglich befand sich der Firmensitz in der Himmelpfortgasse, nach einem Bombentreffer im Zweiten Weltkrieg wurde er aber in die Filiale am Naschmarkt verlegt. Otto Prutscher gestaltete 1934 die bis heute makellos erhaltene Fassade, und auch im Inneren des Piccini ist einiges so geblieben, wie es früher einmal war: der Service, zum Beispiel, den man für antiquiert halten könnte, der aber nun mal der Tradition des gesitteten Verkaufsgespräches erwuchs; oder die Tatsache, dass man seine Rechnung bei einer Kassiererin im Eingangsbereich begleicht – klar ginge es schneller, aber in Italien wird's nun halt auch so gemacht; und nicht zuletzt die wunderbare Warenwelt der italienischen Klassik, Flaschen mit Cynar und Ramazzotti stehen da aufgereiht, De-Cecco-Pasta, lauter Marken, die ein bisschen vom Italienurlaub in der guten, alten Zeit künden. 54 Pastasorten hat Piccini im Angebot, und bis zum Beitritt Österreichs zur EU war Piccini außerdem der exklusive Importeur des offiziellen Prosciutto-Kontingents – das mitunter tatsächlich nicht größer war als zwanzig bis dreißig Schinken pro Vierteljahr, heute unvorstellbar und unverständlich. 1800 bis 2000 Produkte seien es, erklärt die unvergleichliche Judith Schindl, Geschäftsführerin von Piccini und eine Institution im Wiener Feinkosthandel; um produktmäßig am Ball zu bleiben, werden auch neue Kreationen wie etwa Balsamico-Creme fürs Eis oder Ähnliches ins Programm genommen. Am besten fährt man hier dennoch mit den Klassikern, gereiftem Provolone etwa oder einer piemontesischen Butter in sensationeller Verpackung, die beim *Wine Spectator* immerhin einen Test gewann.

Obsteck

Wieder zurück ins Gewurl auf den Markt, zum Obsteck (4., Naschmarkt, Stand 147–166, Tel. 01/586 01 00, Mo–Fr 6–18, Sa 6–17 Uhr), dem größten Obst- und Gemüsestand des Naschmarktes mit dem umfangreichsten Angebot vor allem bei exotischen Früchten und anderen Raritäten (Portobello-Pilze gibt's zum Beispiel nur hier), leider aber nicht gerade dem freundlichsten Auftreten.

Zum Gockelhahn

Großartig dann der Gockelhahn (4., Stand 176, Tel. 01/587 51 64, Mo–Sa 6.30–18 Uhr) gleich gegenüber, der sich nicht nur auf Geflügel aller Art, sondern auch auf Eier spezialisiert hat: Man bekommt hier also sowohl Wachteln, Bressetauben, Bressehühner, Flugenten aus dem Waldviertel, steirische Landhendln, Barbarie-Enten, Perlhühner und was sonst noch so flattert und fliegt, als auch Eier vom Huhn in sämtlichen Güte-

und Freilandklassen, Wachteleier, Taubeneier, Enteneier und sogar Straußeneier, wenn's ein wirklich großes Omelett werden soll. Den Gockelhahn gibt es am Markt sogar zweimal, Rehrücken, Hase und anderes Wild kann man hier ebenfalls beziehen, und eine Hendlbraterei ist auch angeschlossen, in der die schmackhaften Alternativen zum Huhn leider nicht zubereitet werden, das muss man zu Hause selber machen.

Ding Haw

Ding Haw (4., Stand 186, Tel. 01/581 73 01, Mo–Fr 9–18, Sa 9–16 Uhr) schließlich ist einer der Pioniere in Sachen asiatische Lebensmittel am Naschmarkt, das Angebot an Konserven, Saucen und Gewürzen ist erschöpfend, besonders wird Ding Haw allerdings immer dann, wenn es um exotische Früchte geht, die hier immer wieder angeliefert werden, die martialisch aussehende Stinkfrucht Durian etwa oder das geheimnisvolle Gemüse Labo Siam – Erlebniseinkauf sozusagen.

Gegenüber, beim Kaspien Markt (4., Stand 251, Tel. 01/586 87 68, Mo–Fr 7–18, Sa 7–17 Uhr) von Herrn Ingenieur Odabai, befindet man sich auf einem kleinen exterritorialen Flecken Vorderen Orients: Hier stapeln sich die Säcke mit allen Nüssen und Trockenfrüchten, die man sich vorstellen kann, die Zahl der Rosinensorten ist unendlich, es gibt getrocknete Limetten, Berberitzen, Cranberries, Bananen, Zibeben, Maulbeeren, getrocknete Äpfel, persische Spezialitäten wie Pistazien mit Limonensaft, Hülsenfrüchte ohne Ende. Der Einkauf hier läuft freilich nach anderen Regeln ab, wie gesagt, der Kaspien Markt ist ein bisschen Basar, die Preise sind etwas höher angesetzt als bei der Konkurrenz, verstehen sich vielleicht auch nur als Ausgangspunkt für Verhandlungen.

Kaspien Markt

Leo Strmiska (4., Stand 245, Tel. 01/581 74 92, Mo–Do 8–18, Fr, Sa 7–18 Uhr) ist der Nächste, ein Original auch er; aufgrund seiner lautstarken Ankündigungen wie „das Champagnerkraut, das einmalige, meine Damen, kosten Sie, gut für den Teint" oder so ähnlich dürfte er mit großer Wahrscheinlichkeit das von Touristen meistfotografierte Motiv des Naschmarktes sein. Aber es hat schon was: Sein legendäres Champagnerkraut – aus einer uralten Krautsorte hergestellt und von besonders feiner, prickelnder Säuerlichkeit – schöpft er aus einem riesigen Holzbottich und reicht es zur Verkostung, sein Frühkraut zergeht auf der Zunge, solche Salzgurken wie er hat sonst niemand, und die grünen Tomaten mit Sellerie auch nicht, „das bringt niemand so zusammen wie ich". Beim Sauerkraut steht das jedenfalls fest, Leo Strmiska ist ein einsamer Kämpfer gegen Hybridsorten und Verteidiger der alten Krautsorten mit viel geringeren Erträgen, aber besserem Geschmack und besserer Verarbeitbarkeit, ja, Sauerkraut essen kann auch eine Gewissensfrage sein.

Das Sauerkraut bei Leo Strmiska

Schräg gegenüber dann Kravitz (4., Stand 297–300, Tel. 01/586 33 98, Mo–Sa 6–18 Uhr), der in den letzten Jahren von einem guten Obst- und Gemüsestand zu einem der besten am Markt wurde: Nicht nur die Präsentation ist erstklassig, man bekommt hier auch Dinge, die man sonst nur schwer bis gar nicht findet, seien es indische Mangos (die besten!) oder portugiesische Semmelstoppelpilze (fallweise als „portugiesische Eierschwammerl" angeschrieben), die Qualität ist stets tadellos, ein Blick ins Innere des Standes zahlt sich auf jeden Fall aus, da findet man dann Früchte und Gemüse, die sich nicht so großer Bekanntheit erfreuen, das auch

Schönes Obst & Gemüse: Kravitz

fast immer in Topzustand. Bei der Abwaage sollte man allerdings dabei sein, die alte Marktsitte, um die Hälfte mehr ins Sackerl zu stecken als verlangt, wird hier nämlich hochgehalten.
Kim (4., Stand 973, Tel. 01/587 87 30, Mo–Fr 8–18, Sa 8–17 Uhr) schließlich dürfte der am komplettesten sortierte Asienladen des Marktes sein, an Zutaten findet man hier nicht nur so ziemlich alles, sondern alles in zig Varianten und von zig Herstellern. Wer also Lust auf eine Kokosmilch-Vergleichsverkostung hat, ist hier an der richtigen Stelle. Vor allem zeichnet sich Kims Ingwer immer irgendwie durch bessere Saftigkeit, weniger Fasern und herrliches Aroma aus, auch kommt an Kims Koriander nur schwer ein anderer heran.

Bei Hasan Özer

Beendet sollte die hinsichtlich der zurückgelegten Distanzen zwar nur kurze, in ihrer Dichte aber unvergleichliche Tour schließlich bei einem Lammkotelett werden, das man am besten bei Hasan Özer (4., Stand 223–228, Tel. 01/586 01 26, Mo–Fr 7–18, Sa 7–15 Uhr) kauft. Sollte man zwischenzeitlich hungrig oder durstig geworden sein, bieten sich am Naschmarkt natürlich eine Unzahl von Möglichkeiten an, einige davon sind sogar empfehlenswert, neben den erwähnten vor allem das ► Indian Pavilion (4., Stand 74–75, Tel. 01/587 85 61, Mo–Fr 11–18.30, Sa 11–17 Uhr) von „Sir" Ashok Chandihok, das kleinste und für viele das beste indische Restaurant Wiens; oder der schräge Dim-Sum- und Thai-Laden von ► Ding Haw (4., Stand 191–193, Tel. 01/581 25 86, Mo–Sa 11–21 Uhr); oder das unvergleichliche ► Zur Eisernen Zeit (4., Stand 316, Tel. 01/587 03 31, Mo–Sa 8–22 Uhr), der beste Platz am Markt, um ein stilvolles Gulasch zu verzehren, und das, obwohl sich das wunderschöne und uralte Marktfahrerbeisl seit kurzem als „first Pub" deklariert; und natürlich das ► Theatercafé (4., Linke Wienzeile 6, Tel. 01/585 62 62, www.theatercafe-wien.at, Mo–Sa 10–2, So 15–2 Uhr) im Theater an der Wien, von Hermann Czech gestaltet und immer wieder im interessanten Spannungsfeld zwischen Wiener Klassik und kontemporärer Fusion bekocht.

Äußerer Naschmarkt und Peripherie

Ausgangspunkt: Faulmanngasse (U1, U2, U4 Karlsplatz)
Endpunkt: Margaretenstraße (U1, U2, U4 Karlsplatz)
Die Route: Faulmanngasse (Nippon Ya) – Kühnplatz – Schleifmühlgasse (Babette's, Szigeti Sekt Comptoir, Kaffeerösterei Alt Wien) – Naschmarkt (Akad, Bio-Welt, Berber, Kuczera, Araxi, Dogan & Acer, Käsehütte, Ayurveda Coast) – Kettenbrückengasse (Hua Lian) – Margaretenstraße (Nitsch & Nitsch – Vinothek Lutzmannsburg) – Schleifmühlgasse (Kiosk – der Stand der Wurst, Bobby's, blumenkraft, Jeroboam) – Margaretenstraße (Crupi)

Der äußere Naschmarkt, also der Bereich zwischen Schleifmühlgasse und Kettenbrückengasse, unterscheidet sich in mehrerer Hinsicht vom „inneren" Bereich. Zuerst einmal bei den Preisen – hier sind die Dinge schon merklich günstiger als auf der anderen Seite der Schleifmühlgasse –, dann auch in Sachen Angebotsspektrum: Das Sortiment der Stände ist ähnlicher, Spezialisierungen und Differenzierungen haben hier noch nicht so gegrif-

fen, es findet noch ein bisschen mehr der Markt statt, wie er früher einmal auf seiner gesamten Länge war. Ebenfalls bemerkenswert ist, dass hier ganze Marktstandimperien im Entstehen sind und dass sich die Gastronomie dieses Marktbereiches von dem des ersten Teils doch vehement unterscheidet. Aber auch rundherum tut sich viel und Gutes, Schleifmühlgasse, Margaretenstraße, Kettenbrückengasse sind schon oder werden demnächst die urbanen Hotspots Wiens sein, auch was die Einkaufsmöglichkeiten anbelangt.

Erste Station ist eines der interessantesten und authentischsten Geschäfte Wiens, nämlich das Nippon Ya (4., Faulmanngasse 5, Tel. 01/586 10 84, Mo–Fr 9–18.30, Sa 9–17 Uhr), wo man alles kaufen kann, was man braucht, wenn's einem so richtig japanisch geht. Seit 1974 führt die ehrenwerte Familie Kondo dieses Geschäft und arbeitete sich in dieser Zeit unangefochten auf den Spitzenplatz im Importhandel japanischer Spezialitäten. Kunden sind nicht nur viele Gastronomen, sondern auch die japanische Gemeinde Wiens, die hier Lebensmittel und Gebrauchsgegenstände findet, von denen man außerhalb Japans noch nie etwas gehört oder über die man sich noch nie Gedanken gemacht hat: Essstäbchen für Kinder, zum Beispiel, oder eine Bürste zum Reinigen der Teekanne. Vor allem aber wirklich hochwertige Erzeugnisse wie etwa ein unüberschaubar großes Sortiment an Sojasaucen, an Sushireis in allen Packungsgrößen, an Misosuppen in unterschiedlichsten Aggregatzuständen. Calpico, das japanische Kultgetränk aus vergorener Milch, bekommt man hier ebenso wie Grüntee-Eis zum Selbermachen, all die wunderbar verpackten Soba-, Udon- und Ramennudeln, so ziemlich alles aus Algen und Sojabohnen, japanischen Tofu der Qualitätsklasse „silken", mit heimischem Sojakäse nicht zu vergleichen. Ein Kühlschrank beherbergt in drei Regalen frische Misopaste, gelbe und rote, auch GMO-free, wer sich daran einmal als Zutat für Suppen oder Gemüse gewöhnt hat, will nicht mehr ohne leben. Im zwei-

Alles aus Japan: Nippon Ya

ten Raum bekommt man neben Tischwoks, baumwollenen Yumakakitteln und Kimonos auch tiefgefrorenen Teig für Gyozas zum Selberfüllen, vegetarische Frühlingsrollen, Yakitorispießchen tiefgekühlt, Bentoboxen, Sojasaucetiegelchen, Sushiteller, einfach alles halt. Ah ja, japanische Messer auch, Reispapier und die eigenartigsten Cracker, die man sich überhaupt nur vorstellen kann.

Nippon Ya alleine wäre zwar schon abendfüllend, dennoch überqueren wir den Kühnplatz und betreten das nächste Elysium, nämlich Babette's (4., Schleifmühlgasse 17, Tel. 01/585 51 65, www.babettes.at, Mo–Fr 10–19, Sa 10–17 Uhr), Wiens bis dato einzige auf Kochbücher spezialisierte Fachbuchhandlung. Im Frühling 2002 eröffneten Silke Huala und Nathalie Pernstich das Geschäft aus der Passion für Kochen, Kochbücher und Gewürze heraus; dass es so ein Erfolg werden würde, war damals nicht abzusehen. Zwischen 2500 und 3000 Bücher führen die beiden jungen Frauen, darunter aber nicht nur einschlägige Fotobände österreichischer Kochprominenz, sondern vor allem auch die spannenden und mitunter wirklich toll illustrierten Bücher aus Großbritannien und den USA. „Dadurch, dass wir sehr kundige Kunden haben, die die Bücher oft schon vor uns kennen, müssen wir ganz einfach sehr aktuell sein“, meint Silke Huala. Was freilich kein Nachteil ist, die schönsten und besten Bücher liegen außerdem frei zum Blättern auf, auch gebrauchte Exemplare vergangener Epochen werden verkauft, ebenso wie eine kleine Auswahl hervorragender Gewürze. Gekocht wird übrigens auch in einer offenen Küche, und zwar entweder ein kleines Menü oder im Rah-

Köstliche Bücher bei Babette's

Szigetl Sekt Comptoir

men von Kochkursen, die aber meistens schon Monate im Voraus ausgebucht sind.

Die Mühlgasse queren und ins ehemalige Flieger, eine kuriose Bar aus den frühen 1980ern, die sich in eine Dependance der burgenländischen Sektkellerei Szigeti verwandelte, das Szigeti Sekt Comptoir (4., Schleifmühlgasse 19, Tel. 0664/432 53 88, www.sektcomptoir.at, Di–Fr 15–20, Sa 10–17 Uhr). Acht verschiedene Sekte und ein paar Frizzantes kann man hier erwerben und auch gleich vor Ort verkosten, bemerkenswert auch die so genannte „Sektbombe", eine winzige, kugelförmige Sektflasche, die aber ganz schön ploppt, wenn man sie öffnet. Ein paar Häuser weiter befindet sich noch eine Rarität, die Kaffeerösterei Alt Wien (4., Schleifmühlg. 23, Tel. 01/505 08 00, Mo–Fr 10–18, Sa 10–15 Uhr) nämlich, die in Wirklichkeit aber gar nicht alt ist, sondern erst vor ein paar Jahren von Christian Schrödl hier installiert wurde: Gemeinsam mit einem Partner übernahm er die Gerätschaft eines sich zur Ruhe setzenden Kaffeerösters, und die Kaffeerösterei gilt heute als eine der besten des Landes: 14 Sorten bietet Schrödl an, alle in kleinen Mengen, in Handarbeit und auch mitten im Geschäftslokal geröstet – was man hört, was man riecht und vor allem auch, was man spürt: Es wird relativ warm. Die Frische der gerösteten Ware sei ein wesentlicher Qualitätsfaktor, so Schrödl, ausgerauchter Kaffee sei zwar üblich, deshalb aber nicht gut. Sortiert werden die luftgekühlten Bohnen auf einem alten Sortiertisch aus den 1950er-Jahren, der auch schon in Guatemala im Einsatz war, die Bohnen kommen von einem Importeur aus Triest – Kaffee hat hier ganz einfach noch die Anmutung eines hochwertigen Kolonialproduktes, die Kauferotik ist sehr groß hier.

Kaffeerösterei
Alt Wien

Über die Rechte Wienzeile und wieder auf den Naschmarkt, zuerst zum Gewürzhändler Akad (4., Naschmarkt, Stand 322, Tel. 01/586 36 89, Mo–Fr 6.30–18, Sa 6.30–17 Uhr), einem äußerst reichhaltig sortierten Laden in bester Lage, der mit den wunderbaren alten Motiven der Seybold-Gewürzpackungen dekoriert ist. Ums Eck hat im Winter 2002/03 der überaus gut bestückte und am Naschmarkt vor allem einigermaßen singuläre Bioladen Bio-Welt (4., Stand 326–330, Tel. 01/585 81 95, Mo–Fr 9–18.30, Sa 8–18 Uhr) eröffnet, der nicht nur mit einem reichhaltigen Sortiment an Käsen und Molkereiprodukten aufwarten kann, sondern vor allem auch beim Gemüse punktet. Und da besonders mit den besten Avocados des Naschmarktes, wenn nicht ganz Wiens: klein, dunkelgrün bis schwarz mit narbiger Schale und unvergleichlichem Geschmack.

Akad und seine Gewürze

Die nächste Station ist ein Klassiker des äußeren Naschmarktes; der Obst- und Gemüsestand von Panayot Berber (4., Stand 341–343, Tel. 01/586 74 31, Mo–Fr 5.30–19, Sa 5–18 Uhr) ist einer der am schönsten gelegenen Stände und zeichnet sich auch dadurch aus, dass Sohn Mario Berber ein stadtbekannter Szene-Auskenner ist und immer weiß, was wo los ist. Weiters war Mario einer der ersten Nichtasiaten, die vor ein paar Jahren frischen grünen Koriander verkauften, und dann kann man bei ihm manchmal auch so obskure Randgemüse wie Kürbissprossen erwerben.

Mario Berber

Gleich gegenüber hat man sich ebenfalls ganz gut entwickelt: Der Stand von Gabriele und Karl Kuczera (4., Stand 374–376 und 344, Tel. 01/587 60 52, www.kuczera.at, Mo, Di, Do, Fr 7–18, Sa

Gabriele und Karl Kuczera

7–16 Uhr, Mi Ruhetag) setzte in den letzten Jahren verstärkt auf Topfkräuter aus eigener Zucht und verfügt da mittlerweile über ein Sortiment, mit dem man mehr als nur sein Auslangen findet: Berglavendel, Bohnenkraut, Estragon, kein Problem, die unterschiedlichsten Thymiane, alle da, asiatisches Blattwerk wie Thaibasilikum und Holy Basil, ebenfalls vorhanden, Minze reichlich. Auch beim Kürbis ist Kuczera Spezialist, Hokkaido, Spaghetti, Butternut, Patisson, und beim restlichen Gemüse ging man in letzter Zeit auch dazu über, nicht mehr alles anzubieten, von dem dafür dann ein breiteres Spektrum. Schräg gegenüber, neben dem Berber-Stand, unterhält Kuczera auch noch einen kleinen Stand ausschließlich für Salat und frische Kräuter, wo man so seltenes Grünzeug wie Portulak und Sauerampfer bekommt.

Araxi: Lokum und mehr

Ein paar Schritte weiter trifft man auf einen Stand namens Araxi (4., Stand 441–443, Tel. 01/585 28 89, Mo–Sa 7–18 Uhr), bei dem man so ziemlich alles Ess- und Trinkbare kaufen kann, vor allem aber eine einzigartige Auswahl an türkischem Honig, der hier zu vielerlei Rouladen, Röllchen und Gebilden verarbeitet wird, sowie das türkische Konfekt Lokum in aparten Geschmacksrichtungen.

Dogan & Acer

Der Markt lichtet sich wieder etwas, das ist das Herrschaftsgebiet der Familie Dogan, die hier mit ihrem gut gefüllten Gemüsestand Dogan & Acer (4., Stand 358–363, Tel. 01/586 01 61, Mo–Fr 8–18, Sa 8–17 Uhr) begann, sich dann daneben einen Stand für

Gewürze, Tee und Kaffee installierte, der nicht zuletzt seiner ausfahrbaren Regale und Präsentationsebenen wegen bemerkenswert ist, und dann noch einen kleinen Stand für türkische Süßigkeiten. Gegenüber machte Ilhan Dogan, der sich mittlerweile aber aus den Marktbelangen zurückgezogen hat, aus einem Würstelstandel das coolste Lokal des Marktes, das ► Café Do-An (4., Stand 412, Tel. 01/586 47 15, Mo–Sa 8–22 Uhr), Bobos aller Altersklassen essen hier Sandwiches und Salate und trinken Schremser Bier. Und am genauso coolen ► Naschmarkt Deli (4., Stand 421–436, Tel. 01/585 08 23, www.naschmarkt-deli.at, Mo–Fr 8–22, Sa 8–24 Uhr) gleich daneben – besonders sind hier vor allem der wunderbare New-York-Espresso und die DJ-Lounges am Samstagnachmittag – ist die Familie Dogan ebenfalls beteiligt.

Gute Käse in der Käsehütte

Das nächste Naschmarktimperium trägt den Namen Pagü, mehrere Gemüsestände gehören dazu, der prominenteste Kebabstand in der so genannten Kebabgasse und auch die kleine Käsehütte (4., Stand 509, Tel. 01/585 50 34, Mo–Fr 8–18, Sa 7–17 Uhr), die vor kurzem übernommen wurde. An die 300 Sorten sind vorrätig, darunter auch Ware aus Korsika oder der am Naschmarkt nicht wirklich oft zu findende slowakische Brimsen.

Ayurveda Coast

Nächste Station ist Ayurveda Coast (4., Stand 600, Tel. 01/585 31 81, Mo–Fr 8.30–18.30, Sa 8.30–17 Uhr), ein Fachgeschäft für indische Lebensmittel und Spezialitäten, „aber auch ein bisschen chinesisch, japanisch, thailändisch, was man halt so täglich braucht", lacht der fröhliche Mann mit den schönen Zähnen hinter der Budel. Was man hier vor allem auch bekommen kann, sind exotische Früchte und Knollen, herrliche indische Mangos in perfekter Reife, eigenartige Bananen und gegen Bestellung auch die Durian – riecht noch eigenartiger, als sie aussieht, bei idealer Reife besitzt diese riesige Stachel-Stinkfrucht aber einen wunderbaren Geschmack.

Hua Lian: exotisch kaufen

Nitsch & Nitsch –
Vinothek Lutzmannsburg

Kiosk – der Stand der Wurst

Wir überqueren den letzten Teil des Naschmarktes, samstags findet hier ein recht unterhaltsamer Bauernmarkt statt, und biegen in die Kettenbrückengasse ein. Recht versteckt liegt hier der Asia-Shop Hua Lian (5., Kettenbrückengasse 23, Tel. 01/585 41 92, Mo–Fr 8.30–18.30, Sa 8.30–18 Uhr), der von der adretten Ordentlichkeit und Aufgeräumtheit der anderen Naschmarkt-Asiaten nur wenig hat, sondern eher die pure Exotik feilbietet. In der Tiefkühltruhe etwa gibt's wirklich komische Dinge, die Gemüse sind fremd, aber sagenhaft frisch, der Tofu sieht ein bisschen nach Klingonennahrung aus, und nicht wirklich alles, was hier in den Regalen steht, ist deutsch angeschrieben. Also, um genau zu sein, nur das Wenigste. Mut zahlt sich aber aus, der chinesische Schnittlauch etwa ist hervorragend und wertet jeden Wok auf, und die getrockneten Pilze in den Säcken sehen zwar obskur aus, sind aber erstklassig.

Weiter die Kettenbrückengasse, vorbei am fröhlichen 1960er- und 1970er-Designladen ▶ Bananas (5., Kettenbrückengasse 14 und

17, www.bananas.cc, Tel. 0664/312 94 49, Mo–Fr 13–18, Sa 11–16 Uhr) bis zur Margaretenstraße. Dort nach links und bis zur Nitsch & Nitsch – Vinothek Lutzmannsburg (4., Margaretenstraße 25, Tel. 01/941 88 65, Di–Fr 10–20, Sa 10–15 Uhr), wo man Wein von zehn eher unbekannten Winzern, größtenteils aus dem Mittelburgenland, um ziemlich wenig Geld erstehen kann. Weiter bis zur Schleifmühlgasse, wo sich genau am Eck seit Sommer 2004 der Kiosk – der Stand der Wurst (4., Schleifmühlgasse 7, Tel. 01/585 40 77, So–Mi 11–2, Do–Sa 11–4 Uhr) befindet, das wunderbarste Wurstprojekt in Wien seit langem. Die Expedit-Leute interpretieren hier das Thema Würstelstand, und zwar auf höchstem qualitativem Niveau: Dreißig Würste aus ganz Österreich, Süddeutschland, Tschechien, der Schweiz und Spanien werden gebraten und gesotten, dazu gibt's herrliches Bier aus Frastanz, Barrique-Pinot-noir aus dem Stifterl und Senfgurken aus Favoriten. Die Würste kann man hier leider nur essen, verkauft werden sie nicht, die wunderbaren Senfe aus Lustenau oder von Ramsa (englischer Spezial!), sowie die sauer eingelegten Gemüse können aber sehr wohl erworben werden.

British: Bobby's

blumenkraft

Gleich gegenüber bekommt man dann bei Bobby's (4., Schleifmühlgasse 8, Tel. 01/586 75 34, www.bobbys.at, Mo–Fr 10–18.30, Sa 10–17 Uhr) alles an Getränken, Snacks, Konserven und Zerealien, was die englische Küche diesbezüglich auszeichnet, darunter auch Marmite und Vegemite, die eigenartigen Gemüseaufstriche, die für Nicht-Anglophile so schwer zu verstehen sind. Ein bisschen bergauf, wo Christine Fink ihren extravaganten Blumenladen blumenkraft (4., Schleifmühlg. 4, Tel. 01/585 77 27, www.blumenkraft.at, Mo–Fr 10–19, Sa 9–14 Uhr) führt und äußerst avantgardistische, kunstvolle und schlicht-schöne Kreationen anbietet. Klar, hier, in dem schönen, großen Geschäft, wirken sie besonders, zu Hause aber auch. Auf der anderen Seite der Gasse befindet sich der nächste Spezialist, diesmal einer für Schaumwein: Im Jeroboam (4., Schleifmühlgasse 1, Tel. 01/585 67 73, www.jeroboam.at, Mi–Fr 15–20, Sa 10–15 Uhr) verkauft der hauptberufliche Architekt Christian Weininger an die hundert Sorten Champagner, hauptsächlich von Kleinproduzenten und nur erste Ware. Die Preise erschrecken keineswegs, wer nach wie vor im Supermarkt kauft, ist selber schuld. Genauso wie bei den Orangen (im Winter) und den Paradeisern (im Sommer), die nämlich bei Nino Crupi (4., Margaretenstraße 3, Tel. 0650/858 38 50, Mo 14.30–19.30, Di–Fr 10–19.30, Sa 10–14.30 Uhr) einfach unvergleichlich besser sind. Der Sohn einer sizilianischen Orangenfarmer-Familie machte Anfang 2003 hier ein kleines Geschäft auf, in dem sich die orangefarbenen bzw. roten Früchte nur so türmen, die Tarocco-Orangen sind einfach unvergleichlich, besonders, wenn sie in Scheiben geschnitten und mit Crupis Olivenöl, Salz und Pfeffer zum Salat mariniert sind. Nino Crupi hat immer diverse Sorten für unterschiedlichste Zwecke in seinen Kisten, auf Fotos sieht man die Bäume im traumhaften Sizilien, und da nimmt man dann ein bisschen Käse oder Schinken, den sein Vater in Italien bei handwerklichen Erzeugern zusammensucht, auch gleich mit. Und der Espresso von Nino, mit einem kleinen Stück Zitronenschale, ist auch ganz wunderbar.

Jeroboam: der gute Champagner

Beste Orangen: Nino Crupi

ROUTE 9

Markthalle – Rochusmarkt

Ausgangspunkt: Landstraßer Hauptstraße (U3, U4)
Endpunkt: Rochusmarkt (U3)
Die Route: Landstraßer Markthalle (Käs & Speck, Asia-Haus, Norsen, Vinothek Georg Sinik, Albrecht, Miedler, Barski) – Landstraßer Hauptstraße (Burgenland Vinothek) – Rochusmarkt (Nordsee, Käseland, Arrigo, Stummer, Loacker, Pohl, Petra Lorenz, Pasta e piu)

Bis auf ihre geografische Nähe haben diese beiden Märkte wenig gemeinsam: Der kleine Rochusmarkt, früher auch Augustinermarkt genannt, entwickelte sich in den letzten Jahren nicht zuletzt auch dank gastronomischer Neuansiedelungen zu einem schicken Plätzchen, das seinen Kunden hohe Produktqualität und dynamische Angebotsentwicklung bietet. Der Landstraßer Markt indes ist alles andere als schick. Die beiden Stockwerke der Markthalle sind eher etwas für den Hardcore-Einkäufer, die Tradition des unwirschen Marktgehabes wird hier ebenso hochgehalten wie die liebevolle Pflege des sozialen Randlagendaseins. Ange-

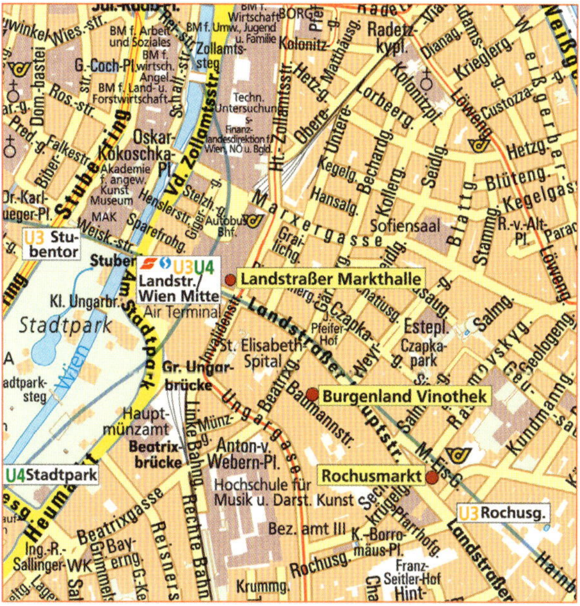

nehme Atmosphäre ist das Letzte, worüber man sich hier Gedanken macht, und das Angebot gerade der oberen Etage – fast ausschließlich dem Fleisch und dem Fleischprodukt gewidmet – ist nicht unbedingt etwas für schwache Nerven. Dass Fleisch von toten Tieren kommt und nicht aus der zellophanierten Styroportasse, wird einem hier wieder recht deutlich vor Augen geführt.

In den Landstraßer Markt mit dem Aufzug anzureisen, hat Tradition, wie man den detailreichen Ausführungen in Werner T. Bauers „Die Wiener Märkte" (Falter Verlag) entnehmen kann: Der Bahnhof und die damit gewährleistete Versorgung war das Motiv dafür, dass die Markthalle in die Invalidenstraße gebaut wurde. Nachdem der Bahnhof 1868 jedoch tiefer gelegt worden war, mussten elektrische Aufzüge installiert werden, um den Transport in die ebenerdige Halle zu garantieren. Heute kann man mit dem Lift aus der U-Bahn-Station anreisen, gelangt damit von einem Kunstlichtareal in ein weiteres. Hübsch ist die Markthalle nicht wirklich, die Idee der Versorgung scheint hier weit mehr die Planung bestimmt zu haben als die vom lustvollen Kaufen, keineswegs alle Stände sind besetzt, die teilweise ins Obskure abgleitenden Buffets und Schenken erfreuen sich mitunter stärkerer Frequenz als die eigentlichen Marktstände.

Käs & Speck in der Matkthalle

Dabei sind einige davon durchaus okay, beim Obst und Gemüse hält man guten Durchschnitt, bei Käs & Speck (3., Landstraßer Markthalle, Stand 29, Tel. 01/712 25 43, Mo–Do 6–14, Fr 6–18, Sa 6–17 Uhr) mehr als das: Es gibt Glundner, Räss-, Grau-, Bachsteiner und noch etwa vierzig andere Sorten (fast) ausschließlich österreichischen Käse, beim Speck ist die Auswahl eine ähnliche.
Auch im für Markthallenverhältnisse recht großen Asia-Haus (3., Stand 31, Tel. 01/715 75 95, Mo–Mi, Sa 7–14, Do, Fr 7–18

Uhr) bekommt man weit mehr als in Asia-Läden üblich, an frischer Ware etwa rare Thaigemüse mit Namen, die klingen wie Hongo Zhai und Labo Siam, kirschgroße Babymelanzani, zugeschnittene, grüne Kokosnüsse, stachelig-warzige Bittergurken, äußerst dekoratives Trocken- und Tiefkühl-Seafood, Gewürze in reichlicher Auswahl und dann noch so wunderbare Exotika wie Mushroom-Sojasauce, sehr rotes Palmöl, Kokosnussessig, „pickled Mud-Fisch", eine Art thailändischen Almdudler-Klon, Mayonnaise aus Rapsöl in einer Plastikflasche, die sich wirklich sehr eigenartig angreift, oder Zwiebelöl. Man findet hier ziemlich sicher etwas, von dem man bisher nicht wusste, dass es existiert.

Bunte Vielfalt im Asia-Haus

Eine Erfahrung, die man bei Hermann Norsen (3., Stand 21, Tel. 01/715 14 81, Mo–Mi 6–14, Do, Fr 6–18, Sa 6–13 Uhr) durchaus auch machen kann, der Mann mit armenischen Wurzeln handelt nämlich mit „ländlichen und levantinischen" Spezialitäten, weil, wie er sagt, er die Kombination gut findet und ihn außerdem Länder reizen, an die man sonst nicht so denkt. An die tausend Produkte führt er in etwa, von der Waldviertler Frischmilch („weil man ja was für die Kleinen tun muss ...") über geräucherte und pürierte Melanzani im Glas, Lawasch-Brotfladen, armenischen Cognac, bulgarische und türkische Weine bis zu toll aussehendem Halva mit Pistazien oder Vanille oder mit Nüssen gefüllten Minimelanzani.

Ländlich & levantinisch: Norsen

Wein gibt es im Erdgeschoß der Landstraßer Markthalle auch zu kaufen: Die Vinothek Georg Sinik (3., Stand 23, Tel. 01/

712 12 22, Mo–Mi 6–14, Fr 6–18, Sa 6–13 Uhr) fungiert zugleich als Weinbar, ist etwas düster und führt etwa vierzig Weine, hauptsächlich von namhaften österreichischen Betrieben.

Vinothek Georg Sinik

Etwas außergewöhnlicher geht es am Standel daneben zu, das war nämlich früher einmal ein Fleischhauer, man sattelte dann aber auf Tiernahrung um, weshalb bei Albrecht (3., Stand 33, Tel. 01/715 66 19, Mo–Do 6.30–14, Fr 6.30–18, Sa 6.30–13 Uhr) so allerlei eigenartige Dinge in den Kühltruhen vorzufinden sind: Blättermagen, Schweinedarm, Saumagen, Rinderschlund, Ochsenmaul alias „Zanderl", Kronfleisch, Herzzapfen, Schweinsnetz und so weiter und so fort, und zwar in den praktischen 0,5- oder 1-Kilo-Säcken, oder aber schon gekocht und zu einer Art Presswurst verarbeitet. Jetzt sind einige der Albrecht-Spezialitäten sicher wirklich nur für den lieben Wastl gedacht – getrocknete Schweineohren im Sack, zum Beispiel – aber Blättermagen, mageres Kopffleisch und Ochsenschlepp erfreuen sich dank der Rückbesinnung auf die arbeitsintensive Innereienküche ja durchaus wieder einiger Beliebtheit. Hier bekommt man's, ohne vorbestellen zu müssen und ohne sich Sorgen machen zu müssen, dass es knapp werden könnte.

Albrecht

Der obere Stock der Markthalle ist nicht unbedingt etwas für Vegetarier und Menschen, denen beim Geruch von Blut schlecht wird. Eigentlich alle Stände beschäftigen sich hier mit der Zerteilung und Vorverarbeitung von Fleisch, in Sachen Lamm und Kalb vertraut man traditionsgemäß den türkischen Spezialisten, bei Rind und Schwein mehr den Österreichern bzw. Serben und Kroaten. Als erste Adresse unter den Markthaller Fleischhauern gilt schon seit langem der Miedler (3., Landstraßer Markt, Obergeschoß,

Stand 43, 44, Tel. 01/712 15 61, Mo–Mi 6–13, Do, Fr 6–17, Sa 6–13 Uhr). Seit 25 Jahren kümmert man sich hier schon um Qualität, erklärt Geschäftsführer Karl Stefanits, „wenn wer ein mageres Fleisch sucht, muss er woanders hingehen. Wenn wer ein weiches oder ein mürbes Fleisch sucht, bekommt er es bei uns." Der Miedler ist noch ein Fleischhauer im „alten" Sinne, die großen Stücke hängen da in einem Kühlkasten am Haken, beschönigt wird eher nicht, die Materie Fleisch ist den hier arbeitenden Männern auch echt nicht fremd, die Begriffe Reifung, Marmorierung, Zuschnitt und so weiter sind hier keine Fremdwörter. Besonderheit des Angebots sind auch die Würste. Diese werden seit Jahren ganz ohne Schweinefleisch und -fett in Gloggnitz hergestellt, die „moslemische" Wurst erfreue sich großer Beliebtheit und großen Vertrauens bei der muslimischen Gemeinde Wiens, erfährt man.

Polnische Würste bei Barski

Muslimisch sind die Würste von Maria Barski (3., Obergeschoß, Stand 30, Tel. 01/718 60 37, Mo–Mi 6–13.30, Do, Fr 6–17.30, Sa 6–12.30 Uhr) nicht, aber dafür polnisch! Poledwica, Jalowcana, Wiejska, Biala, Kielbasa, an die sieben verschiedene Würste polnischer Machart bekommt man bei Frau Magister Barski immer, auf die Frage, was polnische Würste so besonders mache, meint sie, dass aufgrund der mangelnden Modernisierung in Sachen Kühltechnik in Polen nach dem Krieg das gute Fleisch immer als Wurst haltbar gemacht wurde und somit einen anderen kulinarischen Stellenwert besitzt, „Abfälle kommen in Polen nicht in die Wurst hinein, in meiner Krakauer ist nur Schnitzelfleisch". Und ein bisschen ein anderes Gewürz als sonst und halt nicht so viel Fett. Wer seinem Erdäpfelgulasch immer schon eine besondere Dimension der Authentizität geben wollte, muss also hier einkaufen.

Wir verlassen die etwas düstere Halle und begeben uns entlang der Landstraßer Hauptstraße auf den Weg zum Rochusmarkt,

Burgenland Vinothek

die Strecke zwischen diesen beiden Stationen ist leider kulinarökonomisches Niemandsland, ausgenommen die ambitionierte Burgenland Vinothek (3., Baumannstr. 3, Tel. 01/718 25 73, www.burgenland-vinothek.at, Di–Fr 13–19, Sa 10–17 Uhr), in der etwa 250 Weine aus dem namengebenden Burgenland (und auch ein paar aus Niederösterreich) vorrätig sind. Das Sortiment ist klug gewählt, die wohl bekannten Renommier-Weine mit den astronomischen Preisen bekommt man hier zwar auch, vor allem aber solche, bei denen das Preis-Leistungs-Verhältnis stimmt.

Nordsee am Rochusmarkt

Von Nordwesten kommend, erreicht man als ersten Stand am Rochusmarkt die Nordsee (3., Rochusmarkt, Stand 1–2, Tel. 01/713 40 89, www.nordsee.at, Mo–Fr 8–18, Sa 8–13 Uhr), nach der Filiale am Naschmarkt übrigens der zweitgrößte Frischfisch-Umschlagplatz der Kette. Doppelbandbrassen aus Dubai oder australische Barsche – man versucht immer, doch auch etwas Besonderes

Käseland, klein & fein

im Programm zu haben, ein wichtiger Posten sind natürlich auch hier die Fischsalate und andere Fisch-Convenience-Produkte.

Im Käseland (3., Stand 5, Tel. 01/713 24 10, Mo–Fr 7–18.30, Sa 7–12.30 Uhr) von Marina Poppenberger sind sämtliche bekannte Käsesorten, von österreichischer Markenware bis hin zu slowakischem Bergbrimsen und einem 18 Monate gereiften Ziegengouda, erhältlich. Wirklich in die Tiefe geht das Angebot zwar nicht, aber dafür gibt es hier auch Gutes auf dem Sektor der Wurst- und Schinkenerzeugung, Kürbiskernöl, Portwein von Niepoort sowie ein breites Spektrum des Schaffensgebietes von Starwinzer Josef Umathum. Nicht zu vergessen so weinmäßige Skurrilitäten wie den „Kellerknirps".

Feine Dinge bei Arrigo

Das Arrigo (3., Stand 33, Tel. 01/710 78 80, www.arrigo.at, Mo–Fr 7.30–18.30, Sa 7.30–14 Uhr) ist einer der Protagonisten des neuen, schicken Rochusmarkt-Lebens, auf engem Raum sind hier Weinbar, Sandwichtheke, Vinothek und ein beachtliches Feinkostsortiment untergebracht, es gibt spanische Würste und Schinken, Trüffelöl, Perlhuhn-Paté, diverse Prestigeprodukte italienischer Edelpasterias bis hin zur Schokolade von Dolfin oder Valrhona, alles bekannte Namen, alles edle Ware, alles Produkte, an denen der labelaffine Hedonist seine Freude hat.

Schöne Sauergemüse: Stummer

Was man vom Programm von Frau Katharina Stummer (3., Stand 22, Tel. 01/713 50 93, Mo–Fr 7–13, 14–18, Sa 7–12 Uhr) vielleicht nicht unbedingt sagen kann, aber dafür ist ihr Stand der schönste am ganzen Rochusmarkt. Frau Stummer verkauft hauptsächlich sauer eingelegte Gemüsekonserven, und da hauptsächlich Ware des Favoritner Traditionsunternehmens Radl, die da in prächtigen größeren oder kleineren Gläsern ihre konservierte Farbenpracht entfaltet. Offenes Sauerkraut aus dem Fass hat Frau Stummer in ihrem Stand natürlich auch, und für den Krautsalat kann man sich von ihr das Happel auch frisch ins Nylonsackerl raspeln lassen. Dieser Stand hier versucht nicht irgendetwas zu sein, er ist ganz einfach echt, fast möchte man meinen, es handelt sich dabei um ein Relikt einer Marktepoche, als Leute hier noch Lebensmittel kaufen wollten und nicht primär Prosecco trinken. Hoffentlich gibt es diesen Stand noch lange (was freilich eher unwahrscheinlich ist).

Hannelore Loacker (3., Stand 21, Tel. 01/713 50 62, Mo–Fr 6–18, Sa 6–12 Uhr) verblüfft mit einer überraschenden Palette so ziemlich aller Früchte und Gemüse, die man sich vorstellen kann: drei Ringlottenarten, zwei Stachelbeervarietäten, frische Litschi, Zucchiniblüten, Flugmangos, geschälte Rote Rüben, außerdem ein bisschen Wein, saisonale Produkte wie Himbeersturm und hausgemachte Teigwaren aus dem Seewinkel. Der Loacker-Stand besitzt absolute Naschmarkt-Qualitäten, und das nicht nur hinsichtlich des Angebotes, auch die Verkaufshektik und der Publikumsandrang erinnern an das Gewurl am Samstagvormittag an der Wienzeile.

Preiselbeeren bei Petra Lorenz

Melitta Pohl (3., Stand 37–38, Tel. 01/713 50 61, Mo–Fr 7–18.30, Sa 6.30–13 Uhr) verkauft in ihrem wunderschönen Obst- und Gemüsestand auch so allerlei, vor allem aber auch die Produkte des charismatischen Biopioniers Michael Bauer aus Stetten – und zwar als Einzige in Wien, Bauers Ware wird sonst nur an Wiens Spitzengastronomie geliefert. Das heißt, dass man hier etwa die herausragenden und aromatisch berauschenden Erdbeeren bekommen kann, die zwar keineswegs so aussehen

Petra Lorenz: Bioware in der Holzkiste

wie aus der Fernsehwerbung für probiotisches Fruchtjoghurt, dafür aber besser schmecken, als es Aromadesigner je auf die Reihe gekriegt haben, oder ein Sortiment an „bunten Paradeisern", das dann etwa Sorten wie die grün-gelb gestreifte „Zebra", die gelbe „Lemon Boy", die bräunliche „Black Prince", orange Kirschtomaten „Campari", gelbe Birnen-Paradeiser und nicht zuletzt die sagenhafte Ribisel-Tomate umfasst.
Auch bei Petra Lorenz (3., Stand 30–32, Tel. 01/713 50 58, Mo–Fr 6–18.30, Sa 6–13 Uhr) bekommt man wunderschön präsentiertes Obst und Gemüse, seit wenigen Jahren führt sie ihren Marktstand erst, war davor im Lebensmittelhandel tätig. Neben „herkömmlicher" Ware – wenn es etwa Wachauer Marillen gibt, dann wird denen auch ordentlich Präsentationsfläche eingeräumt – bietet Petra Lorenz immer auch Biologisches an, erkennbar dadurch, dass es in Holzkisten geschlichtet ist.
Und um einen Quereinsteiger handelt es sich schließlich auch beim letzten Stand der Tour, dem Pasta e piu (3., Stand 39, Tel. 0660/214 13 02, www.pastaepiu.at, Mo–Fr 9–18.30, Sa 9–14 Uhr). Wolfgang Schultes arbeitete nämlich 15 Jahre in der EDV-Branche, bis er vor zwei Jahren stressbedingt auf die Herstellung von frischer Pasta umsattelte und im Sommer 2004 schließlich seinen Stand am Rochusmarkt eröffnete. „Ich hab versucht, ein paar Sachen zu finden, die es in Österreich noch nicht gibt" – und er war darin recht erfolgreich: Prosciutto von Picaron, und zwar nicht nur vom Schweinebein, sondern auch von Lamm, Ziege, Ente. Außerdem herausragende *sughi* von

Pasta e piu: „etwas andere Alimentari"

Jolanda de Colo, auch hier aus weniger gebräuchlichen Fleischsorten hergestellt, Hase, Hirsch, Fasan und Ente geht ja noch, Vogel Strauß ist aber schon eher selten. Die Antipasti lässt sich Schultes aus Sizilien schicken, sie sind hervorragend, außerdem fand er ein Pesto vom Radicchio, Polenta mit Radicchiostückchen, Gänsemortadella mit Pistazien und nicht zuletzt auch einen Bäcker in Wien, der riesengroße und wunderbar flaumige Focaccia zu backen weiß. Das klingt jetzt alles in allem exotischer, als es wirklich ist, das Pasta e piu entspricht einer italienischen Stehbar und Alimentari mehr als die allermeisten italienischen Stehbars und Alimentari dieses Landes. Eine wirkliche Bereicherung für den Rochusmarkt.

Pasta e piu

NOCH NICHT GENUG?

Tipps abseits der Routen

Bei den folgenden Tipps handelt es sich um jene Geschäfte, die zwar vielleicht nicht von vielen anderen hübschen Läden umgeben sind und eine eigene Route daher nicht rechtfertigen, die einen Umweg aber allemal lohnen. Außerdem werfen wir einen Blick auf die diversen Vorstadtmärkte Wiens und schauen, was die außer Romantik und Melancholie noch so zu bieten haben.

Opocensky &
Opocensky

Opocensky & Opocensky (4., Favoritenstr. 25, Tel. 01/505 08 52, www.opocensky.at, Mo–Fr 9–19.30, Sa 9–13.30 Uhr)
Dieses immer schon außergewöhnlich gut sortierte Feinkostgeschäft wurde in den letzten Jahren konsequent in Richtung Topqualität getrimmt: Es gibt hier so ziemlich alles an Lebensmitteln, was man braucht, von Grundzutaten über Obst und Gemüse bis zum jeweils Besten, was man auf dem Gebiet finden kann. Beim Käse und Schinken ist der Opocensky besonders stark, auch portugiesische Käse fanden hier schon einmal in die Vitrine.

HighTea

HighTea (4., Paniglgasse 17, Tel. 01/504 15 08, www.hightea.at, Mo–Fr 9–18.30, Sa, So 10–16 Uhr)
Der „Flagshipstore" der Demmer-Kette, großzügig angelegtes Teegeschäft mit reichhaltiger Auswahl an Tee-Paraphernalien, größte Sammlung antiker Teedosen des Landes, äußerst angenehmes Lokal im hinteren Teil des Etablissements mit tiefen Sofas und Teetischchen für den entspannten Genuss der diversen Heißgetränke, kleines Restaurant mit Tagesgerichten und hohem Snackniveau.

Maran Bio-Supermarkt

Maran Bio-Supermarkt (7., Kaiserstraße 57–59, Tel. 01/526 58 86, www.biomarkt.co.at, Mo–Fr 8–19, Sa 8–17 Uhr)
Der erste Ableger des Maran-Biosupermarktes aus Ottakring, aber viel schöner, größer und übersichtlicher als das Original. Die Warendichte ist erschöpfend, es gibt also so gut wie alles, bei Fleisch, Wurst und Käse wird ein sehr hohes Niveau gefahren.

Prosi Exotic Supermarket (7., Neubaugürtel 44, Tel. 01/974 44 44, www.prosi-exotic.com, Mo–Sa 9–20 Uhr)
Vor 13 Jahren kam Prince Palikunnel von Indien nach Wien, und was ihm ziemlich abging, waren die echten indischen Aromen. Deshalb zog er einen Gewürzhandel auf und eröffnete voriges Jahr mit seinen Brüdern einen absolut unglaublichen Exotik-Supermarkt: 5000 Posten, darunter wirklich exotische Softdrinks, Palmblätter, Jackfruit, Taro, die mitunter besten Mangos der Stadt und Fische mit Namen wie Tilopia, Rohu, Pongash, Batashi, Pabda, Dshi, Dengra und so weiter. Feig darf man hier freilich nicht sein.

Prosi Exotic Supermarket

Grand Cru (7., Kaiserstraße 67, Tel. 01/524 13 10, www.grandcru.at, Di–Fr 14–19, Sa 10–17 Uhr)
Angefangen hat der Maschinenbauingenieur Karl Peter Egger eigentlich mit Kaffeeautomaten, suchte in diesem Zusammenhang dann nach guten Schokoplättchen und ist heute einer der Spezialisten in Österreich sowohl für italienischen Espresso als auch für Edelschokolade: Er holte die kalifornische Kultschokolade

Scharffenberger nach Österreich, den Pariser Edelchocolatier Michel Cluizel, die englische Bioschokolade Green & Black's und noch ein paar andere. Beim Kaffee hat er Chicco d'oro, Caffè del Doge und Mokador, außerdem eingelegte „Tumini", Käse aus dem Piemont, japanischen Grüntee und sonst noch ein äußerst reiches Spektrum an feinen Dingen.

Schokolade für Fan's: Grand Cru

Quendlers feine Weine (8., Ledererg. 17, Tel. 01/407 96 84, 0699/10 02 59 09)
Seit der Übersiedlung in das riesige Lager in der Lederergasse sind zwar die Öffnungszeiten nicht mehr so eindeutig – man sollte also auf jeden Fall vorher anrufen –, aber dafür ist die schiere Menge wunderbarer Weine, unter denen man hier wählen kann, auch ein ganz besonderes Erlebnis. Franz Quendler ist in Wien die erste Adresse, wenn man wirklich tolle Weine aus dem Burgund oder von der Rhône sucht, da kennt sich niemand so gut aus wie er, durch langjährige Kontakte bekommt er auch immer ein paar Kisten, wenn für größere Händler längst dichtgemacht wird. Das preisliche Spektrum beginnt bei sieben Euro, nach oben hin ist es offen. Schöner als hier kann man Wein nicht einkaufen.

Quendlers feine Weine

Kim kocht Shop & Studio (9., Lustkandlg. 4, Tel. 01/319 34 02, www.kimkocht.at, Mo–Fr 10.30–19.30, Sa 10.30–14.30 Uhr)
Die konsequente Weiterentwicklung des winzigen und kultasiati-

schen Restaurants von Sohyi Kim: ein gestyltes Küchenstudio, in dem man kochen und kosten lernen kann, sowie ein hübsches, schlichtes Geschäft, in dem nicht nur ein paar schöne Weine verkauft werden, sondern auch „Prêt à manger"-Gerichte, wie zum Beispiel Suppen oder Makirollen oberster Güte, und vor allem Frau Kims unvergleichliche Saucen (Korianderpesto! Chili-Erdnuss-Kokos-Sauce!), mit deren Hilfe jedes fade Wokgericht gleich einmal viel mehr Wind macht. Auch Reis, Reisessig, Kräuter und Gewürze und überhaupt fast alle (nicht frischen) Zutaten der Kim-Küche kann man hier für Experimente zu Hause erwerben.

Viktor-Adler-Markt (10., Viktor-Adler-Platz, U1 Reumannplatz)
Der Viktor-Adler-Markt hat nicht unbedingt den besten Ruf unter Wiens Märkten, was aber eher auf das raue Klima im ihn umgebenden Bezirk Favoriten zurückzuführen ist denn auf den Markt selbst. Der ist nämlich nicht nur lebhaft, gut durchmischt, quasi labyrinthisch angeordnet und optisch ansprechend, da keine uniforme Regelung zur Gestaltung der Stände existiert – er ist auch einigermaßen spezialisiert, und zwar auf Fleisch. Etwa die Hälfte der Stände bietet Fleisch und Fleischwaren an, vom türkischen Lammfleischspezialisten bis zu Filialen der Wurstfabrik Wiesbauer, dem Brötchenverschleißer Duran und dem Edelfleischhauer Radatz.

Viktor-Adler-Markt

Einige der Stände sind wunderschön, etwa ein alter Milch- und Brotstand oder der außerordentlich schöne Stand der Firma Leopold Radl (schon am Rochusmarkt gut aufgefallen) und der in Sachen Geflügel (Enten, Hühner, Gänse von Waldland aus dem Waldviertel, Straußenfleisch, Truthahn, Eier so ziemlich aller essbaren Vögel) äußerst komplett sortierte Stand von Geflügel Jahn (10., Viktor-Adler-Markt, Stand 138, Tel. 01/604 48 65, www.hendl.at, Di–Fr 6–18, Sa 6–12 Uhr).
Eher skurril ist der Fischstand Forellenhof Kaumberg, ein kombinierter Verkaufsstand mit Imbiss – soll heißen: Fisch-Frittierstation – und ein paar malerischen Brunnen.

Alles Käse (13., Lainzer Straße 1, Tel. 01/876 47 49, www.alleskaese.at, Mo–Fr 10–19, Sa 10–14 Uhr)
Ein nicht nur extraordinär schönes Geschäft, sondern außerdem die beste Käseauswahl Wiens außer dem Meinl am Graben. Was es hier noch so gibt: frische und selbst hergestellte Pasta der etwas kreativeren Art, wunderbare Salate und Alimentari weit über dem Qualitätsdurchschnitt.

Viel Käse: Alles Käse

Meiselmarkt (15., Johnstraße/Meiselstraße, U3 Johnstraße)
Leider der Beweis dafür, dass nicht unbedingt immer etwas Besseres nachkommt: Der alte Meiselmarkt galt als einer der belebtesten und frequentiertesten der Wiener Vorortemärkte, wurde im Zuge der Neugestaltung der U-Bahn-Station allerdings in die Hallen des ehemaligen Wasserspeichers verpflanzt und konnte sich dort bis heute nicht so wirklich etablieren. Viele Stände stehen leer, die Fluktuation ist groß, das anfänglich recht hohe Niveau sinkt langsam ab. Immerhin, es gibt eine adrette Filiale des Pferdefleischhauers Gumprecht, einen Trześniewski, einen Maly's Käsetreff, in dem man auch ein paar ganz ordentliche Flaschen Wein erstehen kann, den hervorragenden türkischen Fleischhauer Huzur und den nicht unskurrilen Süßigkeitenstand Backshop Bosporus. Wirklich erstklassig ist hier allerdings – vom hohen Standard der Filialisten von

Meiselmarkt

Radatz und Aibler einmal abgesehen – aber nur einer, und zwar Özdemir's Früchteparadies (15., Meiselmarkt B1, Tel. 01/985 60 96, Mo–Fr 6–18, Sa 6–14 Uhr) von Mahmut Özdemir, dessen Angebot an Obst und Gemüse nicht nur enorm groß ist und das gesamte Spektrum des Vorstellbaren abdeckt, auch die Qualität ist überdurchschnittlich, von der Präsentation ganz zu schweigen: Die Obst- und Gemüsekisten sind mit Kohlblättern ausgelegt – schöner wird am Bosporus Gemüse auch nicht verkauft.

Brunnenmarkt (16., Brunnengasse, von der Thaliastraße bis zum Yppenplatz, U6 Josefstädter Straße)
Es gibt viele Fans des Brunnenmarktes, es gab in den letzten Jahren auch ein paar Initiativen zur Wiederbesiedelung des von der Ghettoisierung bedrohten Areals, und zweifellos hat der Brunnenmarkt durch die Tatsache, dass er mittlerweile ein fast ausschließlich türkischer Markt ist, einen gewissen Charme. Das Qualitätsniveau ist aber leider nicht das höchste, die hygienischen Standards machen einen nicht gerade im Herzen froh, das Machogehabe von selbst ernannten „Beschützern" genauso wenig. Bei den vielen Ständen bekommt man nahezu dasselbe, saisonales Obst und Gemüse nämlich sowie Plastiksonnenbrillen und Socken aus Kunstfaser, manchmal auch alles zusammen. Es gibt einen Fischstand, an dem lebende Karpfen und Forellen angeboten werden, ein anderer Stand handelt mit Innereien, wirklich interessant ist der Brunnenmarkt allerdings nur als Kulisse, und die genießt man am besten von der Aussichtsterrasse des bemerkenswerten Imbiss- und Kunststandes ► Schaukasten (16., Brunnengasse/Grundsteingasse, Di–Fr 9–18, Sa 9–14 Uhr), von der man einen schönen Blick auf das wuselige Treiben hat.

Brunnenmarkt

Am Yppenplatz schaut's leider noch trauriger aus, nur wenige der hier fest installierten Stände sind in Betrieb, ob die im Sommer 2004 errichtete Passage daran etwas ändern wird, bleibt abzuwarten. Bestes Geschäft am Platz ist Staud's Pavillon (16., Yppenmarkt 93, Tel. 01/406 88 05-21, www.stauds.com, Di–Sa 8–12.30, Fr auch 15.30–18 Uhr).

Kutschkermarkt (18., Kutschkergasse zwischen Währinger Straße und Schulgasse, U6 Währinger Straße)
Um den Kutschkermarkt hat es vor ein paar Jahren auch nicht so besonders toll ausgesehen, Tristesse auch hier, schmales Angebot, niedergehende Geschäftslage. Das hat sich allerdings komplett gewandelt, der Kutschkermarkt wurde zum Paradebeispiel eines lebendigen Straßenmarktes mit hoher Qualität, dynamischer Angebotsentwicklung und guter Zusammenarbeit der einzelnen Anbieter. Auf der Seite der Währinger Straße findet man einen hervorragend sortierten türkischen Obst- und Gemüsehändler, der auch bei exotischer Ware (Pitahaya, Tomatillos, Granatapfel, Grenadille etc.) so ziemlich alles abdeckt, gegenüber einen Blumen- und Kräuterstand, der tatsächlich nicht weniger als 200 Kräuter, Tomaten und Chilis im Topf anbietet. Selbst wenn es sich bei dieser Zahl um orientalische Übertreibung handeln mag, es ist viel – allein fünf verschiedene Basilikumsorten. Dann ein italienischer Fisch- und Spezialitätenhändler mit guter Ware, bei dem es sogar frische Austern gibt, und als Höhepunkt des Marktes die Käsethek (18., Kutschkerg. 31B, Tel. 01/402 98 74, Mo–Fr 9–19, Sa 8.30–14 Uhr) von Irene Pöhl, wo man vom Wein über unzählige wunderbare Käse und Schinken und Würste bis zu Salaten, Oliven, Antipasti, Marmeladen so ziemlich alles bekommen kann, was edel und gut ist. Auch in den „festen" Geschäften in den angrenzenden Häusern hat sich etwas getan, Der Bauer (18., Kutschkergasse 33, Tel. 01/403 41 57, Mo–Fr 9–18, Sa 8–14 Uhr) etwa bietet ein reichhaltiges Angebot aus bäuerlicher Direktvermarktung, hauptsächlich Fleisch und Wurst, aber auch von Familie Bauer selbst geräucherte Forellen, Biomolkereiprodukte, Backwerk und Wein. In Maggies Genussgalerie (18., Gertrudplatz 3, Tel. 01/409 09 33, Di–Do 14–19, Fr 10–19, Sa 10–14 Uhr) schließlich bekommt man schöne Weine, ein bisschen Kunst und Spezialitäten, die man sonst eher länger suchen muss, wie zum Beispiel italienische Erdbeermarmelade mit Balsamico. Ebenfalls im Umfeld vorhanden sind ein Trześniewski und eine Kurkonditorei Oberlaa.

Kutschkermarkt

L'ora giusta (19., Billrothstraße 14, Tel. 01/369 52 20, Mo–Fr 9–19.30, Sa 9–16 Uhr)

So klein dieses Geschäft auch wirkt, so groß ist erstens sein Angebot und so unerreichbar ist zweitens sein Qualitätsanspruch. Roman Kotesovsky und Gian-Franco Ferrarese beziehen direkt aus Italien, und zwar Schinken, Würste und Käse, die sonst niemand hat, hier bekommt man die originalen Maroni aus dem Trentino, Gemüse aus Unkräutern, die man nur mehr in einer Gegend südlich von Rom kennt, Prosciutto in einer Vielfalt, dass man schon gar nicht mehr weiß, wo vorne und hinten ist. Ein Einkauf hier kann etwas länger dauern, das schon, schließlich gibt's viel zu schauen, und mit einer genauen Vorstellung kommen wohl nur die wenigsten hierher. Dafür einer der „italienischsten" Plätze Wiens.

L'ora giusta: Italien in Wien

Der Sonnbergmarkt (19., Sonnbergplatz, S45 Oberdöbling, Krottenbachstraße)

Ein winziger Markt, wie er aber bezaubernder nicht sein könnte. Der etwas siech wirkende Markt entwickelte sich in den letzten zehn Jahren zu einem fast schon mediterran wirkenden Konsumparadies. Die drei Obst- und Gemüsestände haben alles, was man sich vorstellen kann, die Qualität ist erstklassig, ein adretter Fischstand verkauft und bereitet auch vor Ort zu, der Stand für eingelegtes Gemü-

PastaVino, Sonnbergmarkt

Sonnberg Bio-Fleisch am Sonnbergmarkt

se und Sauerkraut wurde in den letzten vierzig Jahren nicht mehr verändert und ist dementsprechend kurios. Frische Pasta, italienische Spezialitäten und bis zu achtzig Sorten erstklassigen Käse – hauptsächlich aus Italien und Frankreich – bekommt man bei PastaVino (19., Sonnbergmarkt 14–16, Tel. 01/328 62 18, Mo 12–18, Di–Fr 9–18, Sa 8.30–12.30 Uhr). Ebenfalls vorhanden sind eine äußerst gut sortierte Biofleischerei namens Sonnberg Bio-Fleisch (19., Sonnbergplatz 2, Tel. 01/368 98 29, www.biofleisch.biz, Di–Fr 8–18, Sa 8–12.30 Uhr) und eine sympathische Filiale des Bio-Supermarktes Maran (19., Sonnbergplatz 3, Tel. 01/368 71 75, www.biomarkt.co.at, Mo–Do 8.30–13, 15–18.30, Fr 8.30–18.30, Sa 8.30–13 Uhr).

Eishken Estate (23., Großgrünmarkt Inzersdorf, Halle A2, Stand 1–2, Tel. 01/889 37 33, www.eishken, Mo–Fr 6–13, Sa 7–12 Uhr)
Franz Aibler ist ein Einzelfall. Nicht nur in Sachen Fischverkauf, sondern überhaupt. Steht jeden Tag um zwei Uhr in der Früh auf, lässt keinen Aufwand unversucht, um den besten Fisch der Welt nach Wien zu bringen, geht ungewöhnliche Wege sonder Zahl. Den Steinbutt etwa lässt er sich in Tankwagen aus Spanien kommen und hält die Fische dann in Wien in eigens vom Haus des Meeres kontrollierten und justierten Lebendbecken. Filetiert wird nur frisch und unmittelbar vor Verkauf, und zwar über Leuchttischen zwecks optimaler Kontrolle. Die Qualität, die einem hier am sonst ja nicht gerade kundenfreundlichen Inzersdorfer Großmarkt begegnet, ist einzigartig in Wien. Besser geht Fisch nicht, der Weg lohnt in jedem Fall.

Obst/Gemüse

Fleisch/Wurst

Käse

Fisch

Brot, Backwaren

Wein

Confiserie/Süßwaren/Eis

Kaffee/Tee

Spezialitäten italienisch

Spezialitäten asiatisch

Spezialitäten österreichisch

Spezialitäten, sonstige

Eingelegtes, Sauergemüse

Rauch-/Tabakwaren

Salate/Antipasti

Register